日英語と文化の記号論

開拓社
言語・文化選書
52

日英語と文化の記号論

有馬道子 著

開拓社

はしがき

英語に比べると，なぜ日本語は母音も子音も数が少ないのだろうか。日本語では，なぜ句読点があまり発達していないのだろうか。俳句は，なぜ日本語の中から生まれてきたのだろうか。日本では，なぜ寡黙であることは好ましいとみなされてきたのだろうか。英語を話すときにはなぜ表情も身振りも多くなるのだろうか。和食では箸使いによって箸だけで食事がなされるのに，洋食ではなぜ「多様な」ナイフ・フォークが用いられるのか。和装の「きもの」などは個人の体形とは無関係に定型化されているのに，洋装はなぜ服も靴も着用する人の体形や好みを明示するものが求められるのか。相撲の力士は何を求めて何度も仕切り直しをするのだろうか。「空気を読む」ことと明確な「Yes と No」使用は両立しないのだろうか。このように相違する日英語の言語と文化の底に流れているものは何だろうか。

日英語の特徴についてはこれまですでに関係分野において多くのことが論じられてきているが，本書では日本語と英語とその文化の特質について具体的に多くの事例にそって考えてみるために，言葉に込められている人々の「知」「情」「意」の働きを関係づけながら扱うことのできる記号論からのアプローチを試みたいと思う。

そのためにここでは，「言語そのものが文化であり，言語と（言語以外の）文化はともに広義の文化というより大きな全体の本当に切り離せない部分を成している」（Whorf in Lee（1996: 267-268)）という考えを重視していくことになる。

ヒトは言語によって多様な概念を生み出し，与えられた自然的・社会的環境の中を生き抜いていくために必要とされる言語文化を絶えず創り出すことによって，変化する環境に柔軟に対処しながらこれまで生きてきた。さまざまな必要性から生まれてくる感情（情）・そこから生まれてくる対象の特定の側面への注意（意）・そしてそれを社会的に表現しコミュニケートするための概念（知）—これら「知」「情」「意」の関係は記号のどのような仕組みとして働いているのだろうか。

世界には多様な言語文化がある。それらはいずれもそれぞれの環境の中でより安全により快適に生き抜くことをめざして，人々が生み出してきた解釈のかたちである。もし世界の言語文化が単一のものでしかないとすれば，どうなるだろうか。強力な単一の言語文化のみが支配するグローバル化の危険な側面がクローズアップされることになるだろう。しかし，機械ならぬ生きた人間がそれぞれの多様な場において生き抜いていくための記号的解釈を続けることによって築かれてきた言語文化は，そして今後もそのようにして築かれていくはずの言語文化は，必然的に多様な環境の中でよりよく生きるための「多様な」記号のかたちとなるに違いない。

私たち多くの日本語話者にとっての母語である日本語，他方においてオーストラリア英語・アジア英語などの地域的なバラエティーをもつ国際共通語としての地位を高めつつある英語，これら日本語と英語の言語文化の基本的特質についてよく知ろうとすることは，ますます国際化していく現代の日本語社会にあって，異文化としての他者を理解していくために切に必要とされていることではないだろうか。

本書では，現代記号論の基礎を築いたソシュール（Ferdinand de Saussure, 1857–1913）とパース（Charles [Santiago] Sanders Peirce, 1839–1914）の「記号論」からアプローチすることによって，記号論の視点から日英語とその文化の特質について多くの具体的な事例にそって論じていきたいと思う。

本書が，日英語の言語と文化の特質について記号論の視点から具体的に明らかにするのに役立つのみならず，はじめて記号論に接する読者にとって，「多くの具体的な事例にそった」記号論入門書としても役立つようにと願っている。記号論は自然科学と人文科学の別を問わず，あらゆる分野における知の探究に学際的な新しいものの見方を示唆する豊饒な知の泉であると思われるからである。

目　次

第 1 章

記号論から考える

「あるものが他の何かを意味する」―それが記号（Sign）である。たとえば，「黒雲」はもうすぐ雨が降ることを，「夕焼け」は翌日の好天を，「桜の花」は日本では春の到来を意味する記号となる。「涙，笑顔，あくび，お辞儀，握手」等もまた，他の何かを意味する記号となっている。しかし，たとえば「涙」だけでは，状況を見ないと，それが悲しみ・苦しみ・くやしさ・喜び・怒り …のいずれの意味を表しているのか曖昧でよくわからないということもある。

一般的に言って，表情・身振りなどの非言語記号に比べると，言語記号のほうが状況を離れても意味がはっきりしていることが多いと考えられるが，言語記号でもやはり状況・文脈が抜けている場合や，書き言葉で漢字表記がなされていない場合など，なお意味が曖昧であることが多い―たとえば，「私がしかいの田中です」というのは，状況・文脈抜きでは司会なのか歯科医なのか …と曖昧である。

古代ギリシャの医師ヒポクラテスは当時一般に広く行われていた祭儀的・迷信的療法を排して観察と経験を重んずる医療を目ざすことによって，今日の医学の基礎を築いた人として崇められている。患者の年齢・性別・職業・症状の頻発性・風土というような「状況（Context)」を考慮しながら，顔色，発熱，皮膚の変化などから経験則に照らして推論することによって行われるその診断は，当時，「徴候学」と呼ばれ，画期的な診断の方法であるとみなされた。この徴候学は記号論の始まりでもある。

哲学においてもプラトンの対話篇「クラチュロス」では，もののの名前は自然か慣習かということが論じられている。記号研究の古代末期あるいは中世初頭に位置づけられるアウグスティヌス（Aurelius Augustine, 354–430）は，「解釈者」のことにも触れ，言語記号のみならず非言語記号をも視野に入れて，現代記号論を先取りしたような進歩的な記号論を論じている。彼は多くの人々によって古代におけるもっとも偉大な記号論者であり記号論の真の創設者であったのではないかと見做されている（Nöth (1990: 16)）。

その後長い間，記号論は広義の哲学・論理学・修辞学の問題として論じられてきた。そして 19～20 世紀のほぼ同じ時期に，ヨーロッパにおいてソシュールが，アメリカにおいてパースが現れて，現代記号論の基礎が築かれることになった。

言語学者ソシュールは言語記号という社会的慣習性の高い記号の研究を通じて，言語に体系的構造を見出し，構造主義の基礎を築いた。そしてその考えはプラハ言語学サークルのトゥルベツコイ（N. S. Trubetzkoy, 1890–1938）とヤーコブソン（Roman Jakobson, 1896–1982）に影響を与えた。それは一方においてはトゥルベツコイの音韻論研究を導き，他方においてはその後アメリカに渡ったヤーコブソンの円熟した構造言語学の講義に出席していたフランスの人類学者レヴィ=ストロース（Claude Lévi-Strauss, 1908–2009）にも影響を与え，構造人類学が生み出されることになった。また，「無意識は言語のように構造化されている」と述べることになったラカン（Jacques Lacan, 1901–1981）の精神分析等，言語の構造から他の多様な記号現象についての構造へと画期的な展開がなされ，ソシュール没後 50 年の 1960 年代には，構造主義の一大潮流が形成されることになった。

ソシュールは言語学から出発して，言語学は記号論の一部門であると考え，「社会における記号の生を研究する科学」として記号論（ソシュールはそれをフランス語で「セミオロジー（Sémiologie）」と呼んでいた）を生み出したのであった。

ソシュールの Sémiologie（英語では Semiology，日本語では「記号学」と訳されることも多い）とパースの Semiotics「記号論」という用語（パース自身が用いたのは末尾に s の付かない Semiotic であった）は，ソシュールとパースに敬意を表してかつては区別して用いられることもあったが，国際記号学会において Sémiologie の訳語として Semiotics を用いるという約定がなされたので，今日では日本語でも「記号論」と「記号学」は互いの訳語として用いられている。そして「記号論」は「記号学」と「記号論」の両方を総称するものとして用いられているので，本書でもその慣行に従って「記号論」という用語をソシュールとパースのどちらの流れをくむ学説にも用いることにしたいと思う。

本書の第 2 章においては，構造言語学の基本的事項「音素と音声，有標と無標，記号表現と記号内容，連辞関係と連合関係，ラングとパロール，共時と通時，構造とアナグラム」をとりあげ，それぞれの事項について日英語と文化の記号的特質についてどのようなことが見えてくるか，考えてみたいと思う。

さて，ソシュールと並んで現代記号論のもう一人の創始者とされるアメリカのパースは，ソシュールとほぼ同時代の人であったが，彼らの間に直接の学的交流はなかったようだと言われている (Koerner (1973) を参照)。

パースは数学・論理学・天文学・測地学・度量衡学・哲学・文学等の自然科学と人文科学の両方を含む広範な領域において仕事をしていた人であり，特に彼の論理学についての業績は，当時のヨーロッパでも非常に高く評価されていた。ソシュールの記号論が言語記号の多様な二項関係から発展した「構造主義」によって特徴づけられるものであったのに対して，パースの記号論は「記号」と「対象」を結びつける「解釈項」の働きという三項関係を中心とする記号論であることにその特徴があり，その「解釈の記号論」は人間のみならず動植物，さらには無生物にも適用されることが想定されていたものであった。

パースが第一の目的としていたことは「アリストテレス哲学のようなものをつくること，すなわち,... 非常に包括的な理論の輪郭を描くこと」(Brent (1998) ［有馬(訳) (2004: 552)］) であり，記号についての基本的枠組みを提出することであった。彼は創造的で豊かな意味を秘めた骨組みとなる記号論の基礎をしっかり築いたが，その細部については多くの部分を後世の研究者にゆだねている。そこで今日なおその多くの部分の具体的な発展が待たれているという点においても，ますます有望で大きな可能性が認められている。

第 3 章では言語と関係するパース記号論の主要な考えを取り

上げて，その視点から日英語と文化の事例について具体的に考えてみたい。特に，記号と対象との関係における「類像性，指標性，象徴性」と解釈の知情意の関係について，記号の基本的カテゴリーである「第一次性」「第二次性」「第三次性」の特性とそこから導き出されてくる「言語習得と母語の特性」について，そしてアブダクション・帰納・演繹という三つの推論の特性と日英語において好まれる習慣的な解釈の特性との関係について述べることにしたい。

そして，最後の第４章「異文化間コミュニケーションと英語」では，英語を共通語として行われている今日の異文化間コミュニケーションの問題について，なぜ英語を使う必要があるのか，共通語としてどのような英語が求められているのか，そしてグローバル化と英語の関係について，本書の日英語の記号論において論じられる言語文化としての母語の重要性という視点から考えてみたいと思う。

第2章

ソシュール記号論からのアプローチ

ソシュール記号論の特徴は構造主義であるが，そのバイブルとみなされているのは，彼が3回（1907, 1908–1909, 1910–1911）にわたってジュネーブ大学で行った一般言語学についての連続講義である。この連続講義は，ソシュール没後，その講義に出席していた受講生たちのノートをもとに編集され，1916年に*Cours de Linguistique Générale*（『一般言語学講義』）として公刊され，その後多くの外国語に翻訳されていった。

ソシュール没後の企画であったこの『一般言語学講義』の編集当時には見つからなかった原資料もその後発見され，注釈がつけられ，テクスト批評がなされて，それはより完成度の高いものとなっていった。『一般言語学講義』は，それが受講生たちのノートによるということや，外国語に翻訳されたことからくる翻訳の問題点や，テクストの誤読などが問題にされてきたが，原資料の発見によってその問題も解明される道が開かれていった（丸山(1981: 46–56)）。

さて，このソシュールの構造主義は，プラハ言語学サークルのトゥルベツコイによる音素の発見や後年のヤーコブソンによる弁別素の発見をもたらし，また他方においてはコペンハーゲン学派のイェルムスレウによる言語の「表現と実質」という考えにも影響を与えた。

ところで，アメリカではソシュールの構造主義とは別に，アメリカ先住民の音声言語の記録という仕事を通して，音声のパターンと分布という視点から音素が認められていた。サピア（Edward Sapir, 1884–1939）の“Sound Patterns in Language”（1925）において指摘された心理的実在としての構造的パターンは，「アメリカ構造言語学」の始まりを告げるものであった。

しかし，アメリカ構造言語学は，その後，方法論の厳正さを主張して心理主義を排したブルームフィールドが主流となり，その行き詰まりについてパイク（K. L. Pike）の「タグミーミックス（Tagmemics）」やラム（S. M. Lamb）の「成層文法（Stratificational grammar）」などによる修正が試みられた。しかし，その中にあっても，そしてその後も，母語話者（Native speakers）の無意識の直観を重視し，言語を「常に個人の社会的行動のレベルでとらえ，文化の諸形態の一部とみていた」サピアの影響はずっと絶えることなく底流として今日まで続いている。

ヤーコブソンとトゥルベツコイとサピアの間には書簡の往復があり，彼らの間に音素に関係する興味深い考えの交換が見られ，互いに大きな関心を寄せあっていたのは事実である。しかし，彼らの音素についての見方は，厳密にいえば必ずしも同一のものではなかった（長嶋（2002: 1–22））。ヤーコブソンとトゥルベツコイの音素は，さらに小さな諸特徴である弁別素に分析され得るものであったのに対して，サピアの見出した音素には弁別素に分析されるという考えはなく，音素のレベルとは「直観的に感じ取られ，伝達される諸形式」のレベルであったという点において相違している（同論文を参照）。しかし，これらの音素の概念には，機能的に見て重要な共通点があるということもまた事実である。以下の記述においては，構造主義全体の流れとの関係から考えて，むしろその共通点としての音素に焦点を合わせて見ていきたいと思う。

ソシュールの構造主義から導き出された考えは，上記の音素の例にも見られるように，ソシュール以外の多くの研究者によって発展させられてきたものであるが，言語学史の記述を目的としない本書においては，以降その種の記述の詳細については簡略化されている。

以下，ソシュール記号論の構造主義に関係する主要な七つの考えをとり上げ，その各々について日英語とその文化についてどのような特質が明らかになるか考えてみることにしよう。

1. 音素と音声

1.1. 音素と音声

ここで用いる音素の定義は，「話し手が同じ音のつもりで発音し，聞き手が同じ音として聴いている音」「意味を区別する最小の音韻的単位」「音声的に類似した音の類で，その言語の中の他の同様な類と対立をなし，相互排除的な関係にあるもの」という辞書に記載されているよく知られたものであるが，これはソシュール構造主義とアメリカ構造主義に共有される音素についての機能的な見解であると言ってよいだろう。

さて，日英語についてみると，音素の数は母音も子音も英語のほうが日本語よりも多い。

まず，母音について見ると，意味によって区別される日本語の母音は「あいうえお」の五つの母音音素 /a i u e o/ である（ただし，/ / は音素表記，[ ] は音声表記を表す）。それに対して，英語には，/i e u ɔ æ ʌ ə iː uː ɔː ɑː əː ei ou ai au ɔi iə ɛə uə/ のほぼ 20 の母音音素がある。このことによって，たとえば hat—hut とか hard—heard の下線部の発音は，意味の相違に関係するものとして，英語では区別されているが，日本語では区別されていない。

子音についても同様で，日本語の子音音素は /k, s, t, n, ŋ, h, m, j, r, w, g, z, d, p. b, ʧ/ の 16 であるのに対して，英語の子音音素は /p, t, k, b, d, g, m, n, ŋ, l, f, θ, s, ʃ, h, v, ð, z, r, ʒ , ʧ, ʤ, w, j/ の 24 ばかりある（ただし，日英語の音素の細部については，見方によって多少の異同が認められている）。そのために，日本語話者には識別されにくい音声の相違が，英語話者には意味の相違に関係する音声の相違，すなわち音素の相違，として構造的に識別されている。たとえば，

(1)　light—right;　see—she;　sin—thin;　food—hood;　tip—chip;　bent—vent

のような意味の区別と関係する下線部の音声が，英語話者の場合，容易に聴き分けられている。

日本語話者にとって発音が難しい英語の音声にどのようなものがあるかということは，日本語の「50 音図」と呼ばれるモーラ図（表 1）を見ると，その構造からわかりやすい（ただし，モーラ (Mora) とは俳句の 5 7 5（=5 拍・7 拍・5 拍）に用いられているよう

な「拍」のことであり，「音節」と同じではない。たとえば，「八頭身」は「はっとうしん」で 6 モーラであるが，hat-to-shin で 3 音節である)。表 1 の中で（　）の中に表記されているモーラ /si, ti, tu, hu, ji, je, wi, wu, we, wo/ は，その生起が構造的に予測できるという意味において生起可能なものでありながら，少なくとも現代日本語の習慣的発音としては生起していない構造上の「偶然的空白」(accidental gap)（当該言語の音韻構造に合っているのに，偶然その言語に存在していないこと）となっているもので，現代の日本語話者には発音したり聴き取ったりするのが難しい音となっている。(表 1 の注釈には，日本大辞典刊行会 (1979)，松村明（監修）(1995)，大塚高信（編）(1970) を参照した。)

表 1　現代日本語の音韻体系によるモーラの「50 音図」試論

a	i	u	e	o
ka	ki	ku	ke	ko
sa	ʃi (si)	su	se	so
ta	ʧi (ti)	tsu (tu)	te	to
na	ni	nu	ne	no
ha	hi	fu (hu)	he	ho
ma	mi	mu	me	mo
ja	i (ji)	ju	e (je)	jo
ra	ri	ru	re	ro
wa	i (wi ゐ)	u(wu)	e (we ゑ)	o (wo を)

・サ行第 2 段「し」は，室町時代末には /ʃi/。古くは /tsi/ あるいは /ʃi/ /ʧi/ であったかと言われる。/si/ は「偶然的空白」か？

・タ行第２段の /ʧi/ は室町時代末以後。古くは /ti/。/tu/→/tsu/ は室町時代末。ただし，/ti/ /tu/ は外国語の影響で，今日，外来語の発音としては用いられている。
・ハ行音の子音は，奈良時代以前には /p/ であったかとも言われる。
・ア行第２段とヤ行第２段の音にかつて音韻上の区別があったとは認められていない。今日の /ji/ は「偶然的空白」か？ 平安初期まで /je/ と /e/ は区別されていた。
・ワ行の /i/ は古くは /wi/ で，/i/ とは区別されていた。発音が /i/ となったのは鎌倉時代以降。/wu/ と /u/ の音韻的区別は上代にもなかった。ワ行第４段は古くは /we/ の音で，/e/ /je/ と区別されていたが，両者は後に同じ音になり，中世末期には /we/→/je/，近世以降に /je/→/e/。ワ行第５段「を」は，古くは /wo/ であったが，後に /o/ と /wo/ は同じ音となり，中世末期に /wo/，近世以降 /o/。

日本語を学習し始めたばかりの英語話者は構造的に規則的な日本語の音素構造に従う傾向があるため，彼らは表１の（　）の中のような発音を行う傾向がある。そのため，「しずく /ʃizuku/」を /sizuku/ と発音するような英語話者による発音は，日本語話者にはいささか不自然に（エキゾティックに）きこえることになる。

他方，英語の母語話者による英語は，英語にまだよく慣れていない日本語話者が聴く場合，特に意識しないかぎり日本語の構造に従って英語が聴きとられることになるため，たとえば tour, wind, wood, wet, wash も /tuɚ, wind, wud, wet, wɔʃ/ ではなく，「ツアー，ウインド，ウッド，ウエット，ウオッシュ」と聴こえる傾向がある。

そして，たとえば次のような各組の下線部の母音や子音をもつ語の区別が日本語話者には難しくなる傾向がある。

(2) hat /hæt/ — hut /hʌt/, hard /hɑ:d/ — heard /hɚ:d/,
east /i:st/ — yeast /ji:st/, best /best/ — vest /vest/,
think /θiŋk/ — sink /siŋk/, lace /leis/ — race /reis/,
ship /ʃip/ — sip /sip/, then /ðen/ — Zen /zen/.

英語の音素としての二重母音 (au, ou 等) と長母音の区別についても，たとえば英語の boat /bout/ と bought /bɔ:t/ の聴き分けが日本語話者に難しいのは，そのような音素の区別をもたない日本語の音韻構造に起因すると思われる。

以上見てきたように，より多くの音素によって音声を詳細に区別しているのは英語のほうであり，日本語では母音も子音もその音素的区別はおおまかである。(ただし，表 1 には促音（っ）・撥音（ん）・拗音（きゃ，きゅ，きょ）・濁音等は表記されておらず，ここでは記述を単純化するため，問題点を前掲の表 1 の 50 音図に含まれている区別に限定したものとなっている（しかし，それによってこの論述の核心に本質的変化は生じないと思われる))。

1.2. イーミックとエティック（音韻以外の言語記号の場合）

さて，言語の音声的な面を phonetic，音素的な面を phonemic として見てきたが，これと構造上同じような相違について，語，句，文のような更に大きな単位についても検討してみよう。アメリカの言語学者パイク（K. L. Pike）はこのような相違を上記の

phonetic, phonemic の下線部を用いて，音韻的単位よりも大きな単位の言語記号や非言語記号の場合をも含めて,「エティック」と「イーミック」の相違と呼んでいる。言語を含めて文化として「意味のある区別」，すなわち，機能的に区別される記号現象は「イーミック」であり，そのような意味のある区別ではない（自然の相違としての）記号現象は「エティック」であるということになる。

1.2.1.「語」の場合

日常的によく用いられる日本語の知覚動詞（みる，きく），運動動詞（行く，歩く），感情動詞（笑う，なく），形容詞（きれい，よい），名詞（食事，人）を例として，日英の意味と形式の相違について見ることにしよう（ただし，言葉の意味は常に多義的であり，また日英語の意味は常に多少とも相違しているので，下記の英語の和訳は参考までに挙げた近似的なものの一つであるにすぎない）。

(3)

日本語	英語
みる	look（注意して見る），see（見える），watch（(動く・変化するものを）じっと見ている），stare（(驚き・恐れで）目を大きく見開いてじっと見つめる），view（眺める），glance（さっと目を通す），glare（睨みつける），glimpse（ちらりと見る），observe（観察する），...
きく	hear（聞こえる），listen（聴く），...
行く	go（行く），leave（去る），fly（飛行機で行く），

	visit（訪れる），come（(聞き手のほうに）行く），lead（導く），attend（出席する），get（着く），make（進む，(距離を）行く），head（向かってまっすぐ進む），...
歩く	walk（歩く），stroll（ぶらつく），strut（気取って歩く），stagger（よろよろ歩く），swagger（ずんずん歩く），tiptoe（つま先で歩く），trudge（重い足取りで歩く），toddle（よちよち歩く），pace（ゆっくり歩調をとって歩く），...
笑う	laugh（笑う），grin（歯をむき出して笑う），giggle（くすくす笑う），chuckle（ほくそ笑む），smile（ほほ笑む），...
なく	cry（声を出して泣く），weep（すすり泣く），blubber（泣きじゃくる），wail（泣き悲しむ），lament［wail の文語］，wimper（子どもがメソメソ泣く），scream（泣きわめく），...
きれい	beautiful（美しい），pretty（かわいらしい），lovely（心ひかれる），handsome（美男子，(主に中年以上の女性）きりっとした），pure（清い），elegant（優雅な），sweet（かぐわしい），clean（汚れていない），neat（きちんとした），fair（色白で金髪，公正な），tidy（さっぱりした），...
よい	good（よい），intelligent（知的な），bright（聡明な），fine（立派な），excellent（優れた），

good-looking（顔立ちのよい），lovely（すてきな），right（正しい），wonderful（素晴らしい），satisfied（満足した），great（すごい），well-paid（給料がよい），ready（用意ができている），enough（十分な），fortunate（幸運な），lucky（幸い），auspicious（さい先がよい），pleasant（楽しい），fashionable（高級な），friendly（親しみのある），...

食事　meal（食事），dinner（晩餐，（一日の中の）主要な食事），board（（下宿・ホテルなど）食事（費），賄い），breakfast（朝食），lunch（昼食），supper（夕食），diet（（栄養面から見た）食事），...

人　man（人），humans（人間），person（（個人としての）人），character（登場人物，個性の強い人），one（一人），others（他人），personality（有名人，魅力的な個性をもった人），...

以上の例（日本語に対応する英語の例は，網羅的なものではない）を見ると，日本語一つの単語に対して複数の英語の「単語」が用いられていることがわかる。英語の音素の数が母音についても子音についても日本語の音素の数より多いのと同じように，イーミックな区別は単語についても英語のほうが日本語よりも多い（＝詳細化されている）ということになる。(rice（米，飯，稲，...）のように逆の場合もあるが，概してそれは例外的である。)

しかし，たとえば英語の look，see，watch, ... 等の単語の意味の区別が日本語ではできないのではない。「注意して見る」「見える」「じっと見る」等と必要があれば適当な修飾語句を補ったりして表現することができるし，多くの場合，日本語では文脈によって示される状況などのコンテクストによって十分に意味が補足されることが多いために,「単語」のレベルで区別する必要があまりないということになる。日本語にも「凝視する」「眺める」など，単語としても詳細化されたものもあるが，それは英語ほど多くは見られないし使用頻度も低い。たとえば「映画を見る」「テレビを見る」「景色を見る」「夢を見る」「星を見る」「手相を見る」「新聞を見る」... のように，単に「見る」であってもコンテクストから意味の相違がわかるような使い方が多い。

1.2.2. 「語句」の場合

たとえば,「おめでとうございます」「すみませんでした」というような決まり文句についてはどうだろうか。

次に見るように，日本語では「おめでとうございます」の部分は定型化していて，何がおめでたいのかということについて,「新年，お誕生日，ご結婚，クリスマス」と表記されているだけである（「ございます」を付けるかどうかは，敬語表現が発達している日本語の特徴である)。それに対して，英語では,「おめでとうございます」の部分までもが各々の場合に応じて下記の下線部のように相違する表現がなされている。すなわち，語句についても，英語のほうがイーミックな区別が多い（詳細化している)。

(4) a. 日本語の祝辞

おめでとう(ございます)／新年おめでとう(ございます)／あけまして(おめでとうございます)

お誕生日おめでとう(ございます)

ご結婚おめでとう(ございます)

クリスマスおめでとう(ございます)

b. 英語の祝辞

I wish you (a) happy New Year! / (A) Happy New Year!

Happy birthday (to You)!

Congratulations on your marriage/ graduation!

(A) Merry Christmas (to You)!

(5) a. 日本語の謝罪

(このたびは) すみませんでした

b. 英語の謝罪

I am sorry to have ....

「すみませんでした」の例についても，日本語では「誰が何について」という部分を明示的に表現しないまま定型化している。それは詳細に表現しなくても，状況などのコンテクストから相手に理解されていると思われているからである。しかし，英語では「すみませんでした」という表現について，各々の場合に応じて誰が何をどのように済まないと思っているのかということが，下線部において詳細に表現されることになる。

1.2.3. 文における語順の場合

日本語の場合，基本的にはＳＯＶ構文の語順であるが，「は」「が」「を」「に」などを用いてその順序を変えることは比較的自由であるのみならず，コンテクスト（＝状況，文脈など）から容易に推定できる場合には，いくつかの部分を表現しないでおくこと（省略すること）も自由であるし，「点的表現」によって主述関係などを明確に表現しないで聞き手の推測に任せることが好まれる傾向もある（点的表現とは，論理の全体を連続的に表現する線的表現に対して，部分のみを表現すること。詳しくは pp. 113-121 を参照のこと）。

(6) これテーブルに置いてください。テーブルにこれ置いてください。これをテーブルに置いてください。これをテーブルの上においてください。

(7) 好きです。あなたが好きです。あなたのこと，好きです。わたしはあなたが好きです。

英語の場合は，語順は基本的にＳＶＯとして「明確に詳細化」されており，原則としてその順序は変化しないし，語句が省略されることも少ない。

(8) a. Put this on the table.
b. I love you.

1.2.4. 句読点と文字の種類など

以下に見るように，句読点と文字の種類というイーミックな区別についても，英語のほうが日本語よりもイーミックな区別が多い（＝詳細化している）。

日本語の場合，かつては句読点は用いられていなかったが，今日では句点「。」読点「，」かっこ「　」『　』（　）ダッシュ ― は基本的に用いられている。しかし，読点「，」の用いられ方は今日でも一定していないし，句読点は，和歌や俳句のほかにも伝統的な儀式的な文においては，現代でも用いられないことが多い。しかし，横書きの現代日本語では，句点（。）読点（，）のみならず疑問符や感嘆符等も英文と同じように用いられることがある。

日本語は，一般的には「漢字」「ひらがな」「カタカナ」という三種類の文字が併用されることによって読みやすい形式になっている。漢字は同音異義の問題を軽減し，カタカナは擬音語・外国語等の表記に用いられて読みやすさに役立っていることが多い。

次の例に見られるように，俳句（本来，「縦書き」）では日本語本来の「句読点なしの連続表記」が詩的表現を高めるものとして今日でも活用されているが，一般的に言えば次にあげる散文の例からも明らかなように，句読点をはじめ漢字・ひらがな・カタカナの併用がいかに読みやすさに役立つものであるか見てとることができるだろう。

(9) a. 「古池や蛙飛こむ水のおと」　（芭蕉）
b. 「山路を登りながら，こう考えた。智に働けば角が立つ。情けに棹させば流される。意地を通せば窮屈だ。とかくに人の世は住みにくい。」　（夏目漱石『草枕』）

c. 「ジャラベールは，今では完全に忘れられてしまっているが，当時は大変人気のあった通俗的なアカデミー派画家で，「オダリスク」はサロンの呼び物であったという。」　（高階秀爾『名画を見る眼』）

英語では，句読点も活字書体の種類もよく発達していて，「; ： ， — ． ？ ！」「‘ ’ “ ” () 〈 〉 [ ]」および「a **a** *a* A **A** *A*」（ローマン体，ゴシック体，イタリック体）等の書体が機能的に使い分けられている。たとえば，次の例では「， ； ． ?」の句読点と「[ ] ( )」と「大文字と小文字，そしてゴシック体・ローマン体」が用いられている。

(10) Take the word **father** for instance. In German it is **Vater**; in Latin, **pater** [pɑ́:ter]; in Greek, **pater** [pɑ:tɛ:r]; in Sanskrit (an Asian language), **pitar**. Was there one language, thousands of years ago, from which all these other languages grew?

(Sam and Beryl Epstein (1992: 5))

以上ごく簡単に概観したことからもわかるように，音素よりも大きな言語記号の単位についても，英語のほうが日本語よりもイーミックな区別が多く，詳細化されているということができるようだ。

1.3. イーミックとエティック（非言語記号の場合）

言語記号については英語のほうが日本語よりもイーミックな区別が詳細に明示されていることを見てきたが，非言語記号についてはどうだろうか。ここでは日英語の文化の非言語記号について，衣・食・住・身振り・リズムを例としてそのイーミックな特性について見ることにしよう。

1.3.1. 衣

伝統的な日本文化の衣は，「きもの（和服）」である。きものには「おとなと子ども」「男と女」という２種類の定型があり，それを個人が自分の体形に合わせて調節して着こなすものであり，背の高い人も肥えた人も自由に調節して定型化したきものを着こなせるようになっている。その場合，個人の体形（バスト・ウェスト・ヒップなど）をなるべく明示化しないような着こなしが好まれる。

日常的な衣服では今日，洋服が着用されることが多く，その形は個人の体形に応じて多様化したものとなっている。しかし，その着こなし方は，胸やヒップ等のかたちをはっきりと明示的に表す着こなしは現代でも日本文化では避けられることが多い。

衣と関連して「履物」について見ても，伝統的な日本文化で用いられる「下駄，草履」については，きものと同じように「おとなと子ども」「男と女」による定型があるのみであるのに対して，英語文化の「靴」については，個人の足の多様な大きさと形にぴったりと合うように多くのサイズと形が用意されている。

したがって，ここでも伝統的な日本文化ではイーミックなかたちの種類はごくわずかであるのに対して，英語文化では個人の体形に応じて多様化している。同様のことは，形のみならず，着こなし方についても言えることであり，和服においては，男女，年齢，状況等のコンテクストに応じて着こなし方が定型化していて，体形などの個性の発揮を抑制する傾向があるのに対して，英米文化の洋服においてはコンテクストからの自由度が高く，個性を自由に表現する着こなしが好まれる傾向が強い。現代日本の洋服の形は英米文化の洋服がほとんどそのまま用いられているものの，その着こなしや好まれる色と形には伝統的な日本文化と同じように，個性の発揮を抑制し周囲に溶け込むことが好まれる傾向が根強くみられる。

1.3.2. 食

伝統的な日本食の顕著な特徴の一つは，できるだけ自然に近い状態を好むということであり，そのことは日本食を特徴づける「さしみ」「季節の旬の食べ物の重視」のいずれにもよく表れている。

「さしみ」は自然の食材に最小限の手を加えたもので，ほとんど自然そのままの食材を供するものであり，季節の旬の魚・野菜・果物が好まれるのも，自然の季節感とのつながりを重視するためでもある。また，箸という一つのシンプルな定型化したものを自由自在に使いこなしながら多様なものを食すという「箸使い」も，和服の着こなしに似て，食材の硬さや柔らかさに応じて定型的な箸を対象に合わせて調節して用いるものである。

洋食では，それぞれの食材にあわせて多様なソースが用いられ，多様に手が加えられていることが特徴的で，コース料理の供される順序も英文法の語順のように社会的な約束事として詳細化している。また，スープ・魚・肉などの食材に応じて相違するタイプのナイフ・フォーク・スプーンが発達している。これもまた個人の体形ごとに相違した形をもつ多様な洋装のアイテムを個人の好みに合わせて組み合わせて着用するのに似た特徴である。

このように，日本食では自然性の強い食材についてシンプルで定型的な箸が食材に合わせて調節されながら用いられるのに対して，洋食では複雑に手を加えられた食材について，スープ・ミート・フィッシュ・デザートなど用途毎に定まっている多様なスプーン・ナイフ・フォークが用いられるというのが特徴的である。

1.3.3. 住

日本の伝統的な住居は「紙と木でできている」と言われるように，木造で障子・すだれ・のれん等が用いられ，外の自然との仕切りは緩やかである。

建築や庭園には借景が重んじられ，また回遊式庭園のように歩きながら多様な視点からの眺めを楽しむことができるようになっている。すなわち対象をそれだけ切り離すのではなく，常に周りの自然や人間の動きというコンテクストとの関係において対象を捉えることが好まれている。一つの部屋は寝室・居間・応接間などその時々の目的に応じて多様に用いられ，家の中に自然をとりこむために生け花が好まれ，自然の風と光を感じるために風鈴・

すだれ・暖簾・濡れ縁が好まれ，自然の光をとりこむために障子が用いられている。

日本の寺院の塔は，西洋風なタワーのように周囲から抜きんでて垂直に高々とそびえ立つものではなく，五重の塔や三重の塔のように，幾重もの屋根の水平線によって周囲の自然の風景に融け込んでいる。伊勢神宮の式年遷宮（定期的に行われる遷宮）が原則として 20 年ごとの造り替えがなされながら古い形を保存するものであるように，建築物も，新陳代謝しながら連続変化している自然の動植物と同じように，そこに求められているのは古きものをとどめながらむしろ変化する自然の形の「儚さ」であって，変化することのない堅固な永続性ではないようだ。

欧米の建築物は石造であったりコンクリート製であったり煉瓦造りであったりして，堅固な永続性が求められ，それぞれの部屋，それぞれの庭はそれだけの独立したスペースであり，それだけの独立した目的をもつものとして造られている。そのためにフランスなどの欧風の整形庭園には，遠近法で用いられるような定点からそれだけを観賞するのに適した幾何学的な対称的デザインなどが好まれる傾向があるのかもしれない。ただし，この点において，多くの日本人が好むイギリスの風景式庭園であるイングリッシュ・ガーデンは自然の風景を重んじるものであって，日本文化に親和的である。他方，アメリカのきれいに刈り込まれた芝生の庭は，住宅とは独立した空間として自然と対峙する人工的な空間の確保という観が強く，それはヨーロッパの幾何学的な整形庭園以上にコンテクスト・フリー性（周囲の状況などのコンテクストとの関係にとらわれないこと）を感じさせるものとなっている（詳しくは有馬 (1990: 140–141) を参照）。

1.3.4. 身振り

日本文化では，英語文化に比べて表情も身振りも少ないのが特徴的である。言語表現と同じように感情表現もまた暗示的で抑制的であることが好まれる。人前で泣かない，怒らない，口をあけて笑わない（泣いたり笑ったりするとき，特に女性は顔を手で覆い隠したり口に手を当てて表情を隠そうとする），相手を直視しない，接触しない（「流し眼」「お辞儀」などは，相手を直視しないことでもあり，相手の身体に直接触れないことでもある）... ということが伝統的な日本の礼儀作法には取り込まれている。

英米文化では，表情においても身振りにおいても喜怒哀楽の表現はかなり明示的であり，概してそのほうが好ましいと見做されている。口づけ，ハグ（抱擁），握手，ウィンク―「握手」も「ウィンク」も，相手の目を直視しながら行うのが礼儀にかなっている―，満面の笑み，手振り身振りの多用 ... が特にアメリカ文化では社会的な習慣として，マナーとして発達している。

したがって，ここでもイーミックな表現は日本文化では少なく暗示的で，英米文化では明示的に詳細化されている。

1.3.5. リズム

伝統的な日本文化のリズムは「間のリズム」「息のリズム」である。これら二つは別々のものではなく一つのものである。すなわち相手と自分の息（「自然」）のリズムが合って一つになるように調節されるリズムである。ここでも，リズムはそれだけでコンテクスト・フリーに生じているのではなく，相手と自分との「間」を結びつけてそれを共有しようとするコンテクストの共有意識から生じているものである。

琴・三味線などの邦楽のリズムはこのような自然の息のリズムであり，能楽の舞・謡・鼓のリズムも，互いに間をとりながら自然に生じてくるそのような息のリズムである。相撲の仕切り直し（「仕切り直し」には，本来は，制限時間は設けられていなかった）も，相手との間に生ずる息のリズムすなわち「間」のリズムとして，息が合うことを求めて行われる調節のプロセスである。

日本の日常生活で重んじられるのは，そのような「間のリズム」であり，それがうまくいかないとき「間ぬけ」「間違い」「間のび」「間が悪い」「間を欠く」等と言われ，それがうまくいくと「間にあう」「間がいい」等ということになる。

これに対して，欧米のリズムは周囲や相手との関係というよりは，コンテクストを離れた客観的な視点から正確に細分化された時間感覚を重んずるメトロノームのような，時計のような，「等間隔の機械的なリズム」である。ここでも伝統的な日本文化の「自然の」リズムと英語（西欧）文化の「人工」のリズムの対立が見出せる。

もちろん現代の日本文化は少なくとも表面的には高度に英米化されているため，現実にはこれほど大きな英米文化との差異がくっきりと見えるわけではない。しかし伝統的な日本文化の「間のリズム」はあらゆる日常生活の根底に浸透していて，それを否定することは難しい。日本国内の企業において定時きっかりの退社が難しく，「協調性」「気配り」「お付き合い」「空気を読む」感覚が重視されるのも，このような「間のリズム」と関係しているに違いない。これがプラスに転ずると，「よきチームワーク」という名で呼ばれることにもなる。「日本企業のチームワーク」は，「気配りのきいた使いやすい日本製品」とともに，海外でも有名である。

以上概観したように，日英語の「音素」の特徴として見出される構造的特徴，すなわち日本語の音素的な区別は少なくおおまかで英語の音素的区別はそれに比べて数多くて詳細化しているということは，日英語の語，語句，文というような音素よりも大きな単位についても見出されるのみならず，非言語的な文化の多様な側面におけるイーミックな特徴としても見出すことができるものである。

2.　有標と無標

ゲシュタルト心理学で用いられる「図と地」(Figure と Ground) の関係で言えば，ここで用いられる「有標と無標」(Marked と Unmarked) の関係は，図1に示されているように，有標が図であり無標が地として関係づけられる関係である。

図 1　有標（図）と無標（地）の関係

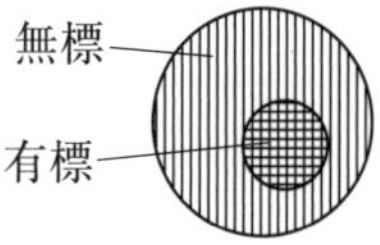

有標すなわち「標づけられている」とは，「特殊・例外的・複雑」であることである。それに対して，無標すなわち「標づけられていない」ということは，有標の背景となっている「より一般的・基本的・単純」であることであり，したがってそのような記号は，それが本来もちあわせている特質であったり，より早い段階で習得され，より頻繁に用いられる基本的な特質であることが多い。

図 1 に見られるように，無標は有標を含んでいるとみなされている。たとえば次の例文において下線の付けられた表現は「無標」である（以後，不適格な文の前には「*」を，やや不適格な文の前には [?] をつけることにする。引用文の訳は引用者によるもの。翻訳の性質上，訳文は原文の意味を必ずしも正確に表すものとはなっていない）。

(1)　[長い—短い]「長い」が「短い」を含み，無標。
　長さはどれくらいですか。How long is it?
　*短さはどれくらいですか。*How short is it?

(2)　[大—小]「大」が「小」を含み，無標。
　大きさはどれくらいですか。How large is it?
　*小ささはどれくらいですか。*How small is it?

(3)　[重—軽]「重さ」が「軽さ」を含み，無標。
重さはどれくらいですか。How heavy is it?
*軽さはどれくらいですか。*How light is it?

(4)　[男性—女性]「男性」が人間一般を代表して「女性」を含み，無標。(ただし，今日では社会的意識の変化によって，このような女性の有標化を避けるために，he ではなく they が用いられるというような複数形の使用が好まれる傾向がみられる。)
Early man certainly had no trains or planes to catch; he did not have to clock in at work or to attend a share-holders'meeting, ... (原始時代の人間には，もちろん列車も飛行機もなかった。タイムレコーダーに出勤時間の記録をしたり，株主総会に出席する ... もなかった)
(Hasegawa (ed.) (1978: 4))

(5)　[単数形—複数形] 単数形が数一般を代表して「複数形」の意味を含み，無標。
Failure to be punctual may lose a man a job, a courting male his date and a business executive his travel connections. (約束時間が守れないと，男は仕事を失ったり，恋人を失ったり，会社の幹部は重要な仕事の出張先で乗り換えがうまくいかなかったりすることがある)　(ibid.)

(6)　[現在時制—その他の時制]「現在時制」が超時制として

すべての時制を含み，無標。
One and one are two.（1＋1＝2）
The moon revolves around the earth.
（月は地球の周りをまわる）

(7) ［母音の無標―有標の段階としての /a i u e o/ の順序］母音としての最大の母音性をもつ /a/ は，母音の無標性を表す。
日本語の 5 母音の中では /a/ の無標性が最も高い。世界の 3 母音体系の言語に一番多いのは /a, i, u/，4 母音体系に多いのは /a, i, u, e/，5 母音体系では /a, i, u, e, o/ であり，日本語の「あいうえお」は母音の無標→有標の順序を表していることになる（窪薗 (2013: 6) を参照）。

(8) ［能動態―受動態］能動態は話者の視点が主語にあるか目的語にあるか特定しないので，それを特定する受動態が有標であるのに対して，能動態は無標である。
John slapped Mike on the face this morning.
（ジョンは今朝マイクの顔を叩いた）
Mike was slapped on the face by John this morning.
（マイクは今朝ジョンに顔を叩かれた）
（能動文では主語と目的語の位置が自動的に決まるので（すなわち，話者がそれを意図的に決めることができないため），能動態の文から話者の視点が John 寄りか Mike 寄りかは，わからない。しかし，受動文を用いることによって，話者は意図的に自らの視点を選んで（有標）表現していることになる（高見 (2013: 111) を参照)。

(9) 子音　/k—s—t—n—h—m/ と / j—r—w/

日本語の 50 音図の〈あ「かさたなはまやらわ」〉という配列順は，「子音性の高い子音 /k, s, t, n, h, m/」と「母音に近い子音 /j, r, w/」に分け，それぞれが口の奥で発音される音から口の前の部分で発音される音の順に配列されている。(口の奥から前へという調音点による配列は，調音点における有標性と関係しており，軟口蓋（k）のような有標の調音点から唇（m）のような無標の調音点へという並びになっている。)

/k（軟口蓋）— s　t　n（歯～歯茎）— h　m（唇)/

/j（硬口蓋）— r（歯茎）— w（唇)/

（窪薗（1999: 58-60, 2013: 10）を参照)

まず，日英語の音韻的特徴としての母音と子音の音素数という点において，日本語では母音も子音も英語よりもその種類（音素数）が少なく，したがって，詳細化（特殊化）していないのが特徴的である。たとえば，日本語の /a/ は英語の /a, æ, ʌ, ɚ, ɑ, ə/ のすべてにほぼ対応することになる。この場合，日本語の /a/ を無標的であると見做すとすれば，英語の /a, æ, ʌ, ɚ, ɑ, ə/ の中の各々は，それに対して有標的な母音音素と見なされることになる。

このように見ると，先に見たように日英語の記号は語，語句，文等のより大きな単位の言語記号についても，同様のことが言えるようだ。たとえば，語のレベルについて pp. 15–18 において述べた「みる—look, see, watch, stare, view, glance, glimpse, observe, ...」と同じようなことが，他のレベルの言語記号についても適用され，日本語は言語のおそらくあらゆるレベルにおいて無標的表現を志向するのに対して，英語は有標的表現を志向すると言えるのではないだろうか。

句読点などの用法を見ると，古い時代の日本語には句読点はなかったのであるから，それは文字どおり「無標」であった（しるしがなかった）ということになる。言語表現一般について，伝統的な日本語話者が寡黙であることを，すなわち「沈黙」への接近を志向するということ自体，日本語における言語表現についての「無標」への高度の志向性を表しているということにならないだろうか。

そして，英語において好まれる語順は「無標—有標」であることが多くの例によって示されている（詳しくは Givón (1995) を参照）。

(10) 無標—有標

a. 近—遠：now and then; here and there; this and that

b. おとな—子ども：father and son; mother and daughter

c. 男—女—年少者：men, women and children

d. 単—複：one and all; ham and eggs; cheese and

crackers

e.　大—小：large and small

f.　有生—無生：life and death

g.　人間—動物：a man and a dog

h.　行為者—被行為者：cat and mouse

i.　全体—部分：hand and finger(s); whole and parts

j.　目立つ—目立たない：day and night

k.　見える—見えない：body and soul

l.　所有者—被所有者：John and his brother

m.　肯定的—否定的：more or less; plus or minus; good and bad

そして，英語における「肯定的—否定的」の基準については，五感で知覚しやすいものが肯定的であることが「大小，長短，高低，近遠，鋭鈍，肥痩」等について示されている。これらの語順については，日本語と同じもの（例：多かれ少なかれ　more on less）と相違するもの（例：あちこち　here and there）がある。ここでも個々の言語文化に特殊なものとそうではないものがあることがわかる。

それでは言語以外の文化の記号についてはどうだろうか。日英の非言語記号についてすでに論じた衣・食・住・身振り・リズムについて，ここで問題になっている有標—無標の視点から要点的に再検討してみよう。

(11) 衣

a. 日本語文化： 「少数」の定型化した形を身体に合わせて調節して着こなす。

b. 英語文化： 個人の体形と好みによって選ばれる「多様な」形と「多様な」装い方。

(12) 食

a. 日本語文化： なるべく「手を加えないで自然」に近いかたちで供される季節の旬を重んじた食材。箸使い（箸を調節して用いる）によって食す。

b. 英語文化： 「多様に調理加工」された食材。多様なナイフ・フォーク・スプーンを使い分けて用いる。

(13) 住

a. 日本語文化： 「自然に溶け込んだ」住居（木造・濡れ縁・障子・すだれ・のれん）であり，住居と庭と周囲の関係も融け合っていて，人間が自然と一体化する傾向がある（借景，回遊式庭園──歩きながら変化する視点に応じて変化する眺めを楽しむことができる庭園，等）。同一の部屋が多様な目的に使いこなされる──同一の形のきものが多様な体形の人によって着こなされるように。

b. 英語文化： 自然と対峙する「人工」の堅固な空間（石造・レンガ造り等で各々が「客間」「寝室」「食堂」等，相違する使用目的をもつ多様な空間の集合としての住居）。

(14)　身振り

a.　日本語文化：　「少ない」身振り。(身振り表現は抑制され暗示的で，身体接触・直視というような直接的表現は抑制されている。)

b.　英語文化：　「多様な」身振り。(明示的な身振り表現は多様化（=詳細化）され，ウィンク・握手・抱擁・口づけ等の明示的な表現が好まれる。)

(15)　リズム

a.　日本語文化：　相手との「間」で調節されるコンテクスト共有のための「自然の」(伸びたり縮んだりする) 息のリズム=間のリズム。

b.　英語文化：　(コンテクストに無関係に動く時計のような) 機械的リズム。

上記の非言語表現を見ると，日本語文化を特徴づけているのは，「少数で単純な自然性」であり，英語文化を特徴づけているのは，「多様で複雑な人工性」である。音素をはじめとする言語記号について見たように，少数は無標的，多様は有標的であり，自然は人工（=人間の働き）を含むことからわかるように，自然は無標的，人工は有標的であると言ってよいだろう。そうであるとすれば，言語記号についても非言語記号についても，日本語文化は「無標」志向的であり，英語文化は「有標」志向的であるということができるのではないだろうか（さらに詳しくは，Arima (1998) を参照)。

3. 記号表現と記号内容

ソシュール記号論においては，記号は表現（Signifiant）（記号表現）と内容（Signifié）（記号内容）を同時に持つ存在であり，それらは一枚の紙の表裏のように切り離すことができない関係にあると見做されている。記号内容は，概念あるいは意味と呼ばれることもある。そして記号は社会的な記号体系であるラング（Langue）（言語）の構造的関係によって決まってくる「価値」を表していると考えられている。

たとえば，日本語の「兄」も「弟」も英語では「Brother」となるが，Brother には年齢の上下は区別されていない。したがって，日本語の「兄」「弟」と，英語の「Brother」は，構造的価値は相違しているということになる。「兄」「弟」というように年齢の上下関係を表している日本語は，「Brother」のようにそうでない英語よりも（これらの語が生み出された当時），年齢の上下についての社会的関心が高かったであろうことが推測される。

このようなことはここにとりあげた「兄」「弟」「Brother」というような語彙項目としての記号のみならず，あらゆる大きさの単位の記号とその「記号表現」と「記号内容」の関係について言えることである。なぜなら世界をどのような記号として切り取るか，それぞれの記号がどのような「記号表現」と「記号内容」から成っていると見做されるかというようなことは，多くの場合，その記号世界に生きる人々の生活上の必要性から社会的習慣的に生じてくるものだからである。人々にとっての特定の記号の必要性が小さくなればその記号の使用頻度は低くなったり，初めの間は明白であった「記号表現」と「記号内容」の関係も次第に分かりにくくなったり，古い記号表現が新しい時代の要求する新しい意味に比喩的に転用されたり，必要性のなくなった記号はやがて消え去っていったりする。記号は人々の生活の中での必要性と密接に結びついているからである。そこには解釈ということが問題になってくることになるが，当時ソシュールが関心を示していたのは，概して，体系化された静的な言語構造における「記号表現」と「記号内容」の切り離せない恣意的な関係という側面であったと考えられている（しかし，後述するように，パロールがラングを変化させていくというソシュールの考えには，体系の動的な側面についての洞察をも見ることができる）。

日本語話者にとって，「花見」と言えば「桜の花を見ること」を意味することは暗黙の了解としてあるし，「湯」は日本語では1語であるが英語では hot water と2語になる。

同様にして，動詞に関係する日英語の相違する見方の例をあげるとすれば，日本語の「雨が降る」は英語では It rains とか The rain falls（逐語訳では，雨が落ちる）と言うが，「雷が落ちた」は Thunder fell ではなく Thunder and lightning hit/struck ...（逐語訳では，雷と稲妻が ... を打った（襲った））である。

このような相違する見方は，相違する言語における品詞の相違となって表れることもある。アメリカのヴァンクーヴァー島の先住民の言語であるヌートカ語ではすべての語が動詞のように用いられ，英語で言うとすれば a flame occurs とか it burns という表現とまったく同じように，a house occurs とか it houses に当たるような表現が house の表現法となっている。「これは，継続と時間に関する微妙なニュアンスを語尾変化によって表そうとするものである。したがって，家を表す語も，接尾辞によって，昔からある家・仮家・未来の家・昔あった家・建築中の家，などと表現されるため，われわれには動詞のように見える」とウォーフは述べている（Whorf (1956: 215) ［有馬(訳)：235］を参照)。

言語によってカテゴリー化が相違するこの種の例は枚挙にいとまがない。たとえば，虹の色は日本語では七色，英語では六色と，同じではない。同じ日本語でも，その記号が用いられ始めた時代によって記号表現と記号内容の関係が相違する例もある。「青野菜」「青信号」のような言葉からわかることは，現代では「青」と区別される「緑」が，昔は「青」に含まれていたということである。

非言語記号についても，たとえば相手の目を直視する身ぶりが，現代の英語文化では「礼儀正しい」と見做されるのに，伝統的な日本文化では「無礼」と見做されるというように，記号表現と記号内容の結びつきが文化によって相違する恣意的なものであることはいくらでも例をあげることができるだろう。

このように，記号表現と記号内容の関係は個々の言語文化によって相違する恣意的な側面をもつものであることは確かである。しかしその関係の恣意性は単に何であってもよいというものではなく，先に述べた「兄」「弟」「Brother」の例に見ることができるように，そこにその言語社会に生きている人々の必要性と結びついた強い関心が示されているということがある。私たちが言葉の語源に興味を持つのは，記号表現と記号内容の関係が恣意的であるが故にこそ，人々の生活上の必要性から生ずる関心の相違や変化に応じて記号表現と記号内容の多様な結びつきが見られることになるからではないだろうか。

たとえば，地名・人名は，人々の生活上の関心がよく表れているわかりやすい例である。日本語については，漢字を理解すれば，その語源の意味はすぐ分かることが多い。人名としての「森・中森・森下；上山・山上・山中・中山・下山・山下；田上・田中・上田・中田・下田；川上・上川・中川・川中・下川；沼田」等の例から推定される地理的情報はその一例である。命名当時の人々が従事していた職業，身分等が推定される例もある。また，近年の関心から地図を見ると，津波・山崩れなどの大きな災害が過去に起こったところには，後世に警告のメッセージを発するような地名がつけられていることも少なくない。

ところで，日本の地名の中で少数民族の先住民アイヌの人たちが住んでいた土地の名前にはアイヌ語が用いられているが，アイヌ語の文字表記がなかったために，日本語話者が勝手に漢字をそこに当てはめたのであった。そのために，その名前は今日では難解なものとなっている。これらの地名も，アイヌ語では，その意味は分かりやすい。たとえば，「ナイ」と「ベツ」は川の意味（「ナイ」と「ベツ」では川の規模が相違する）であるため，「イワナイ　岩内」はイワウ・ナイ（硫黄の多い川），「ノボリベツ　登別」はヌプル・ペツ（濁った川）を意味する（21世紀研究会（編著）(2000) を参照)。

以下に示すのは英米の地名と人名についての語源であるが，人々が生活した土地の風土，民族の交流，歴史，宗教，職業，神話などが「記号表現」と「記号内容」の関係としてそこに表されている。(以下の地名と人名についての記述は，有馬 (2003: 114-121) からの加筆引用である。)

3.1. イギリスの地名

イギリスの場合，先住民はケルト系，その後ローマ帝国（ラテン語）の支配を経てゲルマン系のアングル族・サクソン族・ジュート族（古期英語）とデーン人（9〜11 世紀に侵入したスカンディナヴィア人）が，そしてその後ノルマン人が侵入したことは，次のような地名に見ることができる。

(1) ブリテン Britain < Briton（ローマ人侵入当時のケルト系のブリトン族）

UK=United Kingdom of Great Britain and Northern Ireland の最初の二語の頭文字

Great Britain (=England + Scotland + Wales) と Northern Ireland から成る王国

イングランド　England < Angle + land（アングル族の土地）

スコットランド　Scotland < Scot（ケルト系のスコット族）+ land

ウェールズ　Wales < wealas（敵＝外国人＝サクソンにとってのケルト）

コーンウォール　Cornwall < corn（岬）＋wall（ウェールズ人）←ウェールズ人の住む岬

ロンドン　London < Londinus（ケルトのロンディヌス族）

ドーヴァー　Dover < dubra（水，川［ケルト語］）

テムズ　Thames < 深い色をした川［ケルト語］

〈地名語尾〉

-バラ，-べリ　-borough, burgh, bury=城塞のある町［古期スカンディナヴィア語］　Peterborough（聖ペテロの町），Scarborough（スカルディ（人名）の町）；Edinburgh（エディン公の町），Musselburgh（ムール貝の町）；Canterbury（ケントの人々の町），Shrewbury（荒々しい人の町）

-ビー　-by=集落，農場；砦［古期スカンディナヴィア語］　Crosby（十字架のある集落），Danby（デーン人の集落）

-フォード　-ford=浅瀬，渡り場［古期英語］　Stafford（着陸場＋浅瀬），Oxford（牛の渡り場）

-ハム　-ham=土地；村［ケルト語］　Chatham（森のそばの土地），Newham（新しい村）

-シャー　-shire=州［古期英語］　Cambridgeshire（ケム川に架かる橋のある州），Yorkshire（イチイの木の生い茂る州）

-トン　-ton=囲い地，町［古期英語］　Kensington（人々の町），Sutton（南の町）

-ウィック　-wick=農場；村［ラテン語］ Berwick（トウモロコシ農場），Warwick（堤防沿いの村）

3.2. アメリカの地名

「アメリカ (America)」は，イタリアの探検家アメリゴ・ヴェスプッチ (Amerigo Vespucci) にちなんだもの。「America」は，多くの国・州などの土地の名前の造語法に見られるように，語源名 (Amerigo) をラテン語化して，語尾を女性形にしたものである。アメリカ大陸の発見は 1492 年コロンブスによるものであったが，彼は生涯そこをインドと信じて疑わなかった。少し遅れて訪れたアメリゴ・ヴェスプッチはそこは新大陸であると唱えたため，彼の名前にちなんで新大陸はアメリカと名づけられることになった。「USA」は United States of America の頭文字からで，多くの州が一つに結合されてできた合衆国（直訳では「合州国」）を表記している。

先住民をインディアンと呼ぶことがあるのは，新大陸発見のとき，インドに着いたと信じて，その住民をインディアン（インド人）と呼んだのが始まり。「ニュー・イングランド (New England)」は，イングランドに最も近い 6 州 (Connecticut, Massachusetts, Rhode Island, Vermont, New Hampshire, Maine) である。「新」大陸アメリカには，「ニュー」のつく地名が多い。以下の州名とアメリカの歴史や地理を結びつけて考えると興味深い。

3.2.1.　英語に関係する州名

イギリスからの初期入植のあった東海岸には，当時の入植に関係する英王室関係や入植者の人名そして入植者の故郷のイギリスの地名など，イギリスに関係する英語の州名が多い。アメリカの英語の州名は次のとおりである（英語の州名で東海岸に位置しないのは，ワシントンだけであるが，それは東海岸にアメリカの首都「ワシントン D.C.」(Washington, D(istrict) of C(olumbia))［ワシントンとコロンブスの名にちなんだもの］があるからであると思われる）。

(2)　（ノース・）（サウス・）カロライナ Carolina（「チャールズ」一世）［Carolina は英語 Charles をラテン語化して女性形にしたもの］
デラウェア Delaware（「デラウェア」卿）［ヴァージニア植民地初代総督の名］
ジョージア Georgia（「ジョージ」二世）
メーン Maine［付近の島々と区別された「本土」］
メリーランド Maryland［チャールズ一世の王妃アンリエッタ・「マリア」］
ニュー・ジャージー New Jersey［イギリスの「ジャージー」島］
ニュー・ハンプシャー New Hampshire［イギリスの「ハンプシャー」］
ニューヨーク New York［イギリスの「ヨーク」］
ペンシルヴァニア Pennsylvania［植民地創建者ウィリア

ム・「ペン」]

ロード・アイランド Rhode Island and Providence Plantations [地中海の「ロードス島」と植民地プロヴィデンス]

ヴァージニア，ウェスト・ヴァージニア Virginia [エリザベス一世＝生涯独身であった処女女王「Virgin」Queen]

ワシントン Washington「初代大統領ワシントン」

3.2.2. アメリカ先住民の諸言語に関係する州名

アメリカの州名で最も多数を占めているのは，予想されるように，先住民の諸部族に関係するものである。[　] の中は，インディアナ（先住民を Indian と呼び，それにラテン語女性形語尾を付したもの）の場合を例外として，部族語名。語源に諸説のあるものは，その中の一つを記したが，不確かなものには「？」を付した。

(3) アラバマ Alabama（藪を開く人―［チョクトー］）

アラスカ Alaska（本土―［アレウト］）

アリゾナ Arizona（小さな泉―［パパゴ］）

アーカンソー Arkansas（下流の人々―［スー］）

コネティカット Connecticut（干満のある長い川―［モヒカン］）

（ノース・）（サウス・）ダコタ Dakota（友人―［ダコタ］）

アイダホ Idaho（日の出？―［ショショーニ］）

イリノイ Illinois（アルゴンキン語を話す人？―［アルゴンキ

ン］）

インディアナ Indiana（インディアンの土地―［英語］）

アイオワ Iowa（美しい土地―［アイオワ］）

カンザス Kansas（南風の人―［カンサ］）

ケンタッキー Kentucky（平原―［イロコイまたはチェロキー］）

マサチュセッツ Massachusetts（大きな丘―［アルゴンキンのマサチュセッツ］）

（ニュー・）メキシコ Mexico（Mexitli（軍神の名）―［アステカ］）

ミシガン Michigan（大きな湖）―［アルゴンキン］）

ミネソタ Minnesota（空色の水の国―［ダコタ］）

ミシシッピー Mississippi（大きな川―［オジブワ］）

ミズーリ Missouri（大きなカヌーの川）―［アルゴンキン］）

ネブラスカ Nebraska（広く平らな川―［オト・インディアン］）

オハイオ Ohio（美しい川―［イロコイ］）

オクラホマ Oklahoma（赤い人々（白人が先住民を差別して言う the Red People の訳語）―［チョクトー］）

オレゴン Oregon（西の川？―［ショショーニ？］）

テネシー Tennessee（テネシー（チェロキー族の町の名）―［チェロキー］）

テキサス Texas（友人―［カドー］）

ユタ Utah（山に住む人々―［ショショーニ］）

ウィスコンシン Wisconsin（水の集まるところ？—［オジブワ？］）

ワイオミング Wyoming（大きな平原—［デラウェア］）

3.2.3. その他の言語に関係する州名

(4) スペイン語に関係する州名

カリフォルニア California［スペインの小説においてインド諸島の奥にあるとされた架空の島の名］

コロラド Colorado「赤い」川

フロリダ Florida「花」［発見されたのが，スペインでは「花」のイースター Pascua Florida（復活祭）の日であった］

ネヴァダ Nevada 雪を頂いた

(5) フランス語に関係する州名

ルイジアナ Louisiana「ルイ」14 世

ヴァーモント Vermont 緑の山

(6) ラテン語に関係する州名

モンタナ Montana 山の多い

(7) ポリネシア語に関係する州名

ハワイ Hawaii ポリネシア人の伝説上の故郷の名

以上に見るように，アメリカの州名は，先住民に関係するものが最も広域に多く，次に初期入植と建国に関係するイギリス関係が東海岸に，そしてスペインとフランスに関係するものがそれぞれの入植した地域に見られるのがその特徴である。

3.3. 英米人の名前

英米人の名前は，「個人名・ミドルネーム・家族名」である。

個人名（Personal name）はキリスト教との関係でクリスチャン・ネームとも呼ばれ，アメリカではファースト・ネーム（First name），ギヴン・ネーム（Given name），イギリスではフォア・ネーム（Forename），バプティズマル・ネーム（Baptismal name 洗礼名）とも呼ばれる。最後に来るのはファミリー・ネーム（Family name 家名），サーネーム（Surname 姓），と呼ばれ，アメリカではラスト・ネーム（Last name）とも呼ばれる。サーネームは，本来，個人の一代限りのものであって，土地所有者は地名を用い，農民の多くは父親の名をつけて親子関係を示した。しかし，教会が名簿を作るようになるとサーネームは次第に世襲され，多くの人々は地理的特徴に由来する姓をつけたと言われている。ミドル・ネーム（Middle name）は「英語圏」の場合，何をつけてもよいが，一般には母方の姓が多い。

ノルマン人の征服（1066）以後，ノルマン系の名前が圧倒的に多いが，そのほかにキリスト教関係，アングロ・サクソン系，ケルト系，そして少数の造語名がある。英米人に多い名をその由来に従って例示すると次のようになる。これらの名前から，人々がどのような歴史の中でどのような生活をし，どのようなことに関心を示したか推測することができよう。

3.3.1. 職業

(8) ベーカー Baker（パン屋），カーペンター Carpenter（大工），クーパー Cooper（桶職人），フィッシャー Fisher（漁師），ハント Hunt（猟師），メーソン Mason（石工），ミラー Miller（粉屋），スミス Smith（鍛冶屋），テイラー Taylor（仕立屋），ターナー Turner（旋盤工），ウォーカー Walker（織物の目を詰めるために布を踏み洗いする人），ウェブスター Webster（織工）

スミスという名が多いのは，「鍛冶屋」はかつてヨーロッパにおいて農具，馬の蹄鉄，武具を作るための重要な職業として多数存在したからである。そして，アメリカでは，英語圏以外の移民が出身地で「鍛冶屋」を意味した名を英語化し，また解放奴隷の多くが平凡で目立たないこの名を選んだからでもあると言われている。

3.3.2. 出身地

(9) ブリテン Britten（フランスのブルターニュ地方），フランシス Francis（フランス），グレコ Greco（ギリシャ），ホランド Holland（オランダ），ノーマン Norman（フランスのノルマンディー地方），スコット Scott（スコットランド），ウォルシュ Walsh（ウェールズ）

名前になった出身地で多いのは，スコットランドとウェールズである。スコットは5〜6世紀に北アイルランドからスコットランドへ移住したケルトのスコットで，彼らの移住したところがスコットランドと呼ばれた。出身地名からは，ヨーロッパのどのようなところから人々が移住してきたか推測することができる。

3.3.3.　地理的特徴

日本語の「林，森，小川，田中」等と同じように，住んでいた土地の特徴が名前になっている場合。

(10)　ブルック Brook（小川），クリフォード Clifford（流れの速い浅瀬），フィールド Field（牧草地），ヒル Hill（丘），ヒルトン Hilton（丘の町），マーシュ Marsh（沼地），ニュートン Newton（新しい町），シャーウッド Sherwood（州の森），ウッド Wood（森）

3.3.4.　父または主人の名

(11)　ブラウニング Browning；ジョンソン Johnson，ロビンソン Robinson；マクドナルド MacDonald，マッカーサー McArthur；オブライエン O'Brien，オコーナー O'Connor；フィッツジェラルド Fitzgerald；アダムズ Adams，ウィリアムズ Williams；ルイス Lewis，トーマス Thomas

~ing, ~son は「息子」の意味で，Browning, Johnson は「ブラウンの息子」「ジョンの息子」。Mac~, Mc~ ; O'~ もケルト系で「息子」の意味。Fitz~ もフランス系で「息子」の意味。所有を表す ~s の ~ の部分は父の名または主人の名を表し，たとえば Adams は「アダムの子」または「アダムに雇われている人」という意味。ルイスやトーマスが姓にも名にも多いのは，父の名をそのまま姓に用いたためであるという。

3.3.5. 身体的特徴などのあだ名

個人の髪や肌の色は多民族社会では同じではない。そのためにそのような特徴やその他の身体的特徴が名前として用いられている場合がよくある。

(12) a. 髪や肌の色： ブラック Black, ブラウン Brown, グレー Gray, レッド Red, ロス Roth（赤），ラッセル Russell（赤），ホワイト White, ルブラン Leblanc（白）

b. その他の特徴： キャメロン Cameron（曲がった鼻），ケネディー Kennedy（醜い頭），ロングフェロー Longfellow（背の高い人），ヤング Young（若い），ドゥリトル Doolittle（ほとんど何もしない＝怠け者），メリー Merry（陽気な）

3.3.6. キリスト教の聖書の中の人物や聖人

イギリス人の主要な宗教はキリスト教であり，その歴史は古いが，そのことはキリスト教の聖書の中の人物や聖人が人名として用いられていることにもよく表れている。

(13) アダム Adam，ベンジャミン Benjamin（ベニヤミン），ジョン John（ヨハネ），マイケル Michael（大天使ミカエル），ポール Paul（パウロ）

3.3.7. 動植物

動物と植物は，その性質による象徴性によって，人名に用いられている。ワシは鳥の王であり，太陽を凝視するワシは，「知性の光を直視する」ことの象徴とみなされている。ライオンは力強く，「太陽の光」のシンボルであり，オリーブは平和・豊饒・勝利の象徴であり，ユリは純潔，「天上の純粋性」の象徴であり，真珠は純粋で貴重なもの，「天の王国」を象徴しているとみなされている。

(14) アーノルド Arnold（ワシ（のように強い）），レナード Leonard（ライオン（のような勇者）），オリヴィア Olivia（オリーブ），リリアン Lillian（ユリ），スーザン Susan（ユリ〈ヘブライ語〉），マーガレット Margaret（真珠〈ギリシャ語〉）

4. 連辞関係と連合関係

ソシュールの挙げた例によれば，「連辞関係（rapport syntagmatique）」とは発話を時間的に線的に構成している多様な言語記号の近接関係（＝メトニミー関係）のことであり，「連合関係 (rapport associatif)」とは，そのような言語記号のそれぞれが構造的な潜在的可能態としてもっていると想定される類似関係によって繋がっている連想の帯（＝メタファー関係）のことである。ソシュールは次のようなフランス語の例をあげている。

(1)　連辞関係

形態素＋形態素の連辞関係→語：　Re-lire（再読する）

語＋語の連辞関係→語句：　Contre tous（みんなに対して）

語＋語＋語の連辞関係→語句：　La vie humaine（人生）

語（主語）＋語句（述部）：　Dieu est bon.（神は善なり）

(従)節＋(主)節：　S'il fait beau temp, nous sortirons.（天気がよければ，出かけましょう）

(2)　連合関係

enseignement →

（語幹から）enseigner，enseignons

（接尾辞から）armement，changement

（意味から）instruction（知育），apprentissage（実習），éducation（教育）

（音から）justement，clément

連合関係についてイェルムスレウ (Hjelmslev) は，その関係を文法的にその位置を占めることができる関係に限定する「選択関係

(rapport paradigmatique)」という用語を提案した。そしてそれは一般的に言語学において受け入れられているが，他方において，それは無意識の層に蓄えられていると思われる豊かな連想関係を収めることができずソシュールの連合関係の考えを貧弱にしたという批判（Koerner (1973)，丸山 (1981)）がある。

ソシュールの連辞関係・連合関係は，私たちが日常の言語活動で経験する発話の語句の選択に関係する常識や知識，文脈や状況そして自分の感情との適合性などに関係しているのみならず，言い間違いの心理にも関係している。下記の文中の下線部は問題となっている発話部分，［　］は与えられた状況あるいは文脈においてそれと連合関係や連辞関係にある発話の例である。

(3)　一昨日［三日前］大阪駅で高校［中学］時代のクラスメートの高橋［高田］さんを見かけた。
(「一昨日」「三日前」および「中学」「高校」は，それぞれ意味の類似性による連合関係。「高橋」「高田」は音の類似性・近接性による連合・連辞関係。)

(4)　先日はいろいろとご助言くださって［お世話になり／ご親切に／お手数をおかけして／教えていただいて／助けて下さって／お知恵を拝借できて／...］ありがとうございました。
(いずれもこの文脈における連辞関係としてこの位置に生起可能であるが，記号内容として話者の感情に最も近いものが適切なものとして，これら互いに連合関係にある複数の選択肢の中から選ばれることになるだろう。)

(5) 電話番号は3741［3711］だったよね？
(発話者は，この場合たとえば「皆よい」「皆いい」のいずれかの語句で番号を記憶していたのかもしれないが，「よい」と「いい」の意味が似ているために，記憶が不確かになった場合，互いに連合関係にある二つの数列の中からどちらか一方を選択するのが難しいという状況が生じている例。)

(6) 脳［頭］の回転が速いね。
(「頭」と「脳」は意味の類似性による連合関係にあるが，社会的慣用（＝常識）となっている言いまわしは「頭の回転」という連辞関係である。)

(7) お母さん・お父さん［お父さん・お母さん］お元気ですか。
(社会的慣用としての語順は一般的には「お父さん・お母さん」(男・女）の優先順序であるが，話者の立っている文脈や状況あるいは感情との結びつきではどちらがより適切かによって妥当な順序が選ばれることになる。たとえば，「母の日」のメッセージの場合。)

(8) Swim on your own lisk [risk].
(どちらが適切なスペリングであるか。つづり字の連辞関係。このような誤字チェックは辞書機能をもつコンピュータで機械的に修正表示されることが可能となっている。)

(9)　彼女は黙って____[　　] 涙をこぼした。
(慣用的語法では,「ハラハラ」「ひとすじの」などの連合関係の中から選ばれる可能性がある（作文において活用される連合関係と連辞関係)。創造的文体では，社会的慣用と相違する新しい表現が生み出される。)

日英語の連辞関係では，日英語で語順が同じ場合も多いが,「日英で語順が相違している場合」は，意味の重要なものが後に位置づけられるのが日本語であり，前に位置づけられるのが英語であるという傾向がある。

日本語の場合，伝統的な縦書きの日本語の書簡文では相手の名前は「最後尾」の高い位置に，伝統的な履歴書では最重要視される現在の経歴は「最後」に，文の意味の中核を占める動詞はSOV構文の日本語では目的語の「後」に位置づけられ，文の中核的な意味を表す肯定と否定の言葉は，日本語では「最後」まで聞いていないとわからない。日本語の「はい」は肯定の意味を表しているというよりは，相手の発話を聴いているという合図の働きをしているだけであることが多いからである。したがって,「はい, ... 行きます」とか「はい, ... 残念ながら行くことができないのです」などと，中核的な意味は文の「最後」に示されることが多い。

それに対して英語の場合，書簡文はDear~と相手の名前を「冒頭」に出し，履歴書で最重要視される傾向のある経歴の現在は

「最初」に記され，文の中核的な意味を表す動詞はSVO構文の英語では目的語の「前」に位置づけられ，英語のYesとNoはそれだけで発話の中核的な意味内容についての肯定・否定を表す最重要なものとして，文の「冒頭」に位置づけられる。

連辞関係に関係する語句の語順について言えば，すでに述べたように，日英語ともに共通している場合と相違している場合がある。また，近年の社会的意識の変化を反映して，語順に表される男女等の優先順位が変化している場合もある。また，諺，キャッチフレーズなどの慣用的な言いまわしの語句の順序については，意味のほかにも音韻（頭韻・脚韻・強勢リズム）などの複数の要因が働いている可能性があるので，一概には言えないことも多い。

さて，連辞関係はなによりも文法関係としての語順をよく表しているものである。日本語では語順は比較的自由であるが（例：「彼女は ... 赤や黄色の大きな本を3冊も抱えて研究室に入ってきた」「彼女は3冊も大きな赤や黄色の本を抱えて ...」「大きな赤や黄色の本を3冊も抱えて彼女は研究室に入ってきた」...），英語では文法的に語順が固定化している程度が高い。英語の語順の固定化については，早くもウォーフがlarge red house（red large houseでない），steep rocky hill, nice smooth floorを例にして，一般的には「固有性形容詞—色・材料・物理的状態（固体の，液体の，多孔質の，硬い，等）・起原・種属・国籍・機能・用途を含む—を指すグループは，むしろこの第一グループの残余であり非固有性の一つと呼ぶことのできるもう一つのグループ—大きさ・形・位置・（倫理的・審美的・経済的）評価の形容詞を含む—よりも，名詞に近い位置を占める」

(Whorf (1956: 93) ［有馬(訳) (1978: 107)］), 要するに名詞との関係が近い形容詞ほど名詞に近く位置づけられるということを指摘しているが, 日本語は形容詞相互の語順も自由である。

ソシュールの連辞関係・連合関係は言語記号のみならず非言語記号にも適用される記号論の用語である。そこで, 日本語と英語について見たのと同じように, その文化についても, 連辞関係が「日英で相違している場合」は, 原則として重要なものが後に位置づけられているほうが日本文化であり, 前に位置づけられているほうが英語文化であることが多いと言えるかどうか, また語順について, 日本語の語順が比較的自由であるのに対して英語の語順が文法的に固定化している程度が高いということが, 非言語記号の文化についても言えるかどうか, 一瞥してみることにしよう。

伝統的日本文化では, 訪問者の誰でも最初に入ることのできる「玄関」は入口（最初）にあり, 重要な客人が通される「奥の間」は奥にあり, そこには仏壇など重要なものがおかれていることが多い。神社などでも, 奥の院が最も重要なところである。

（寄席・演技・演奏・講演などでも）最も重視される演技・演奏・講演などは, 一般に「トリをつとめる」という言いまわしで呼ばれるように, 最後に位置づけられることが多い。修行などで到達される最も重要な意味は「奥義」と呼ばれ, 最も重要な人物には, なかなか近づくことができない。それに対して, 英米文化では一番前の座席に座るのが, 通常, 最重要な人物であり, 最初にスピーチするのが会長や社長というような重要人物であり, ... というふうになっている傾向が（常にそうであるというのではないが,）あると言えるようだ。

日英語の語順との比較において，非言語記号を「衣」「食」「住」の順に見るとすれば，どのようなことがわかるだろうか。

(10) 「衣」

定型の帯と着物と草履が着用する人に合わせて自由に用いられる和装の連辞関係に対して，「(帽子,）シャツ，(ネクタイ,)（ジャケット，スーツ，コート,）ズボン，ベルト，靴下，靴」「(帽子,）ブラウス，(スーツ，イヤリング，ネックレス,）スカート，ストッキング，靴」「(帽子,）ワンピース，(コート)（イヤリング,)（ネックレス,）ストッキング，靴」「(帽子) ブラウス，(イヤリング，ネックレス,）パンツ，(コート,）靴下」等のすべてについて，個人のサイズと好みが明確に表現されている多項目からの選択から成る洋装の定まった組み合わせ。

(11) 「食」

(和食にも会席料理などコース料理はあるが，概して）和食では料理のすべてが同時に供される傾向が強いために，それらをどれでも自由な順序で食すことができるのに対して，前菜からデザートに至るまでの順序がかなり明確に決まっている洋食の連辞関係。

(12) 「住」

縁側・すだれ・障子などによって外光や風が自由に家の

内に取り込まれ，内と外が融け合っており，台所以外は同一の部屋が多様な目的のために自由に用いられる傾向がある「和風建築」。それに対して洋風建築では，ドアによって内と外が明確に区別されており，各部屋は「台所」「食堂」「応接間」「居間」「寝室」「書斎」「〜の個室」「〜の個室」「〜の個室」のように使用目的が予め明確に決まっている連辞関係。

このように衣食住を概観してみると，日本文化の衣食住では「和装」「和食」「和風建築」のいずれの連辞関係においてもそれを用いる人間に合わせて自由に用いられるのに対して，英語文化では「洋装」「洋食」「洋風建築」のいずれにおいても，それらを構成する比較的多数の項目はそれぞれ明確な目的を予めもっており，整然と秩序立てられている傾向が強い。このような特徴は日英語に見出される文法的な連辞関係の特徴と相同的（＝構造的に同じようである）と言ってよいのではないだろうか。

さて，連辞関係が時間的順序に関係するのに対して，連合関係は，連辞関係を構成する一つ一つの項と潜在的な類似関係にある記号の帯である。たとえば「一郎は学校へいく」という文を構成している「一郎」「は」「学校」「へ」「行く」という項が連辞関係であるとすれば，たとえば「一郎」の代わりにその位置に生起する可能性をもつ「太郎」「花子」「妹」等は「一郎」と連合関係にある記号である。

非言語記号の「食」の例で言えば，たとえばコース料理で運ばれてくる「前菜」「スープ」…「メインディッシュ」「デザート」の順序を連辞関係と見なすとすれば，「スープ」として供される可能性のある「パンプキンスープ」「コーンスープ」「トマトスープ」「ポテトスープ」などは「スープ」の項についての連合関係にある記号である。そしてすでに述べたように，コース料理として供される料理の種類の「順序がかなり定まっている」西洋料理は英語の語順と相同的であり，和食のように同時に何種類もの料理が供されて自由に選択しながら食するという形式は，語順が比較的自由な日本語の語順と相同的な構造であるということができるだろう。

最後に連辞関係と連合関係という 2 種類の記号関係について注目されることとして，医師ジャクソン（John Hughlings Jackson, 1835–1911）によって最初に気づかれヤーコブソンによってその仕組みが発見された失語症の二つのタイプがある（Jakobson (1971: 229)）。失語症には，「連辞関係」の失調によるものと「連合関係」の失調によるものがある。

連辞関係がうまく働かない場合，近接関係を結びつける働きが悪くなるため，文法的な文が作れなかったり，項目間の関係がスムーズでない電文体（＝電報の文体）のような発話になったり，「タバコと煙」「机と椅子」のような近接関係（メトニミー）が理解できなかったりする。

他方，連合関係がうまく働かない場合，類似性によってつながっている記号表現の奥行きが結びつけられないため，「箸」と「橋」のような同音異義語，「Sorrow」と「Grief」のような類義語，

「単語」と「その遠回しな言いかえ」などの関係が理解できなくなる。そして，類似性によってつながっている「時は金なり」とか「人生は旅である」というようなメタファー関係によって成り立っている成句の理解ができなくなったりする。

連辞関係と連合関係は記号体系の基本的構造であり，これらの関係がそれぞれ表している記号の「近接関係であるメトニミー」と「類似関係であるメタファー」によって，記号は創造的に生み出されていく仕組みになっている。そのために，これら二つの関係としての記号の働きは言語文化の中核的なものであると言ってよいだろう。（連辞関係と連合関係に働いている統合力とその衰退による統合失調症の関係については，有馬 (1986)，Arima (1985, 1989) を参照。後述するパースの三項関係とその統合力の衰退による統合失調症についても同書・同論文を参照。）

5. ラングとパロール

ソシュールは「ラング Langue」と「パロール Parole」を区別したが，ラングは英語では Language，日本語では「言語」，パロールは英語では Speech，日本語では「話し言葉」あるいは「言葉」と翻訳されることが多い。

「ラング」は社会的な制度（慣習・きまり・コード）としての記号体系であり，それは辞書や文法というかたちで表されている。これに対して「パロール」は個人が生活の中で必要に応じて用いている言葉（メッセージ）であり，「ラング」の個人的な使用行為である。「パロール」は，コンテクストの中で多様に変化を遂げていくものであり，その変化が社会的な制度（コード）としての「ラング」を変えていくことになる。

「ラング」と「パロール」の区別には多少曖昧なところがあるため，ヤーコブソン（Jakobson (1971)）が提案しているように，（情報理論の用語を用いて）それぞれ「コード（Code)」と「メッセージ（Message)」と言い換えたほうがわかりやすいかもしれない。

受信者は発信者からのメッセージを受け取って，メッセージの意味がわかりにくいときには，それを理解するためにコードを参照する。わからない外国語の意味を辞書と文法書で調べるように。しかし，出来立ての新しいコードは未だ辞書や文法という形をとって定着していないこともある。そして，流行語のように短命なコードもあれば，文法化されて幾世代をも生きのびるコードもある。

このようなラングとしての「コード」とパロールとしての「メッセージ」は，記号論の他の用語と同じように，非言語記号にも適用することができる。

ファッションのコード，食のコード，建築のコードというように衣食住のコードという視点から現実の多様な衣食住が記号として発するメッセージを見ると，そこに言語と同じように，文化の特徴が見出されることになるだろう。

ラングというコードには，すでに見てきたような「音素と音声」「有標と無標」「記号表現と記号内容」「連辞関係と連合関係」等の記号関係がコードとして含まれている。そして，日英語についてのこれらの記号の特徴は，言語と非言語の記号において「相同的」な特徴を示しているということはこれまで見てきたところである。

さて，ファッションの変化について見る場合，ファッションの変化は，女性のスカート丈や男性のネクタイの幅をそれぞれコードとして見る場合，それはコンテクストとの関係においてどのような変化をコードとして示すことになるだろうか。スカート丈やネクタイの幅の変化はスカートやネクタイの着用の有無そのものの変化ではないので，それはコードの個人的な使用としてのメッセージのレベルの問題であるというとらえ方もできるだろうか。そして，スカートやネクタイの着用がなされなくなるとか，男性がスカートをはいて女性はスカートをはかないということが普通であるというような現象が起これば，それはコードの変化すなわち衣服のラングの変化に及ぶ記号現象であるということになるだろう。しかし厳密に言えば，ネクタイの幅にしてもスカートの着用の有無にしても，メッセージの強く習慣化されたものが新しいコードとなっていくのであるから，メッセージとコードを二分するよりも，それらは連続的なものとしてとらえるほうがよいのだろう。

日本文化において和服の着用が日常生活の普段着の世界から後退している現状は，日本文化における衣服の着用についてのコードをどのように変化させているのだろうか。日常的な使用の習慣がないと使用そのものが難しくなるということについては，どうだろうか。今日では大学の女子学生の卒業式での「袴とブーツ」

姿という組み合わせは，「袴と草履」姿よりも一般的になりつつある。

日本の建築の記号について言えば，「濡れ縁・縁側・長い軒・引き戸・屋根瓦」などは一般的な都会の住宅から徐々に姿を消しつつある記号であり，100 年前には例外的であった「ドア」「ガレージ」などが今日では一般的な建築の記号としてコード化されるようになっている。

このように，個人的な記号の使用であるメッセージとしての「パロール」がその習慣化を経て次第にコードとしての「ラング」を変化させているということは，非言語記号の文化の記号についても認められることになる。

6. 共時と通時

ソシュールは社会的な制度としてのラングの構造を見るのに，「共時 (Synchronic)」的な面と「通時 (Diachronic)」的な面を分けて考えた。共時面とは「時間を共有すること」，すなわち「同じ時間帯に」「時間の流れを止めて観察される」記号構造であり，通時面とは「相違する時間を通じて」，すなわち「時間の経過とともに記号項目がどのように変化するか」を複数の共時面に基づいて構造的に見ることである。

同時代の同一言語に類義的な表現がいくつもあるという現象は，一見したところ不経済ではないかと思われるが，たとえば現代日本語という共時面について，「賢い」「利口な」「頭の回転が速い」「鋭い」というような類義表現があるのを見ると，そのいずれが抜けても日本語の使用に不自由を感ずるということは，日本語を母語とする者なら誰でも感じることだろう。これらの表現の意味はたしかによく似ているが，「まったく同じ」ではない。もしまったく同じ構造的価値をもつ表現であれば，当然どちらか一方が消えてしまうか，さもなければ他の類義表現との関係において（＝構造的関係において）互いに意味の幅や奥行きを変化させて新しい存在価値を主張することになるだろう。

このようなことは母語でない外国語になると少しわかりにくくなりがちであるが，それでもこの日本語に似た英語の wise, clever, intelligent, smart について言えば，wise は「適切な判断ができること」，clever は「反応がすばやいこと」，intelligent は「高度の知性をもっていること，あるいは専門的な知識をもっていること」，smart は「相手に何らかの衝撃をあたえるような，たとえばウィットがあるというようなこと」であることが語源的な意味を手掛かりにしても明らかであり，これらの語の用法は全面的に重なっているとは言えない。たとえば，smart は語源的には「噛みつくこと」→「相手に痛みをあたえること」→「相手を驚かせて心に衝撃を与えるような行為」と通時的に発展してきたものである。そして「現代」英語という共時的な語法においては，それが上記のように他の類義表現との構造的関係において，発話者の多様な感情表現の必要性に応えるものになっているということになる。

もう一つ例をあげれば，現代英語の right のいくつかの相違する意味，「正しい」「権利」「直角」「右」「保守」というような一見したところバラバラの意味は，その語源「まっすぐ」「正誤の基準となる直線」という意味に照らしてみれば，そして18世紀末のフランス革命期の国民議会において議長席から右側の位置に保守派の議員の議席が，左側に急進派の議席が占められたことを知るならば，これらの意味は共時的にも通時的にも結びついたものになるだろう。

ソシュール以前の言語学は，主に比較言語学の方法によって，言語の歴史的研究を行うということであった。そのために，それまで存在しなかった共時的な研究方法は，新しい画期的な言語研究のあり方として注目されることになった。そして，それは20世紀の記述言語学として大きな発展を遂げることになった。特に新大陸アメリカにおいて歴史的文献を欠いた音声言語を対象として，「分布」「パターン」を手掛かりに進められた先住民の部族語の研究では，共時的な記述言語学の方法は貴重なものであった。

そして，共時的な言語研究から得られる研究成果を基礎にして，相違する時間（時代）の言語記述を詳細に構造的に比較することが可能になり，それによって言語の多様な項目についての通時的な構造的変化が詳細に明かされることになる。

言語の歴史的変化の研究において特に興味深いのは，サピアが「ドリフト Drift」と呼んだ言語変化の一般的な方向性という考えである。サピアは英語について，文法的に正しい Whom did you see? ではなく Who did you see? のほうがよく用いられる傾向があるのはなぜかということを分析して，1) 格変化をなくそうとする方向，2）語順を固定化する方向，3）語の形態上の不変性への方向，をドリフトとして示している（Sapir (1921)，荒木・安井（編）(1992)，三輪 (2014: 135–140)，有馬 (2014: 87–88)）。

このようなドリフトは，各言語に特殊なものだろうか。あるいは通時的に見ると諸言語に共有されるような普遍的な要素があるものだろうか。今日の日英語の各々は，そのようなドリフトから見ると，どのように位置づけられることになるのだろうか。興味深い研究課題である。

ソシュールが言語の研究の新しい二つの方法として示した「共時」「通時」という記号論的な方法は，当然，言語以外の記号研究についてもそのまま用いられる方法であろうと思われる。たとえば建築の記号論について，共時的な研究としての「世界の古代の建築」「世界の中世の建築」「世界の現代の建築」，そしてそれに基づいて生み出される「世界の建築の歴史」というような通時的な建築の記号論。その他，衣服の記号論について好まれる衣装の色とデザインの変化についてのファッションの共時的・通時的研究，食の記号論について世界の肉食および菜食の共時的・通時的研究，等，多様な領域における興味深い共時的・通時的な記号論を想定することができるだろう。

7.　構造とアナグラム

言語学者ソシュールが明らかにしようとした記号の構造は，多様な記号の二項関係によるものであった。そこから生まれて発展した主要な二項関係は，イーミックとエティック，有標と無標，記号表現と記号内容，連辞関係と連合関係，ラングとパロール，共時と通時である。これらの関係によって体系の中での記号の価値が構造的に決まってくるというのが構造主義の考えであった。このような記号構造はこのままでは，記号の力動的な側面，コンテクストとの関係における解釈（推論）の多様性によって記号がどのように変化していくかというような側面には主要な注意が向けられていないため，それは静的な構造の理論であるという批判がなされてきた。

しかし，当時にあって言語学者ソシュールが構想した記号論は，言語記号と非言語記号をともに「構造的な記号として捉える具体的な仕組みを初めて提示した理論」として画期的なものであった。そして，そればかりではない。すでに述べたようにパロールがラングを変えていくという考えや，彼が晩年（1906-1909年）強い関心を示したアナグラムは，その「静的な記号構造」を破る可能性を示したものとして注目されるものであった。

アナグラム（Anagram）とは，「綴り字や文字などの順序を変えて新しい語句をつくること」「語あるいは文の中の文字の配置を変えて，その文字が相違する意味をもつ語を構成するようにすること」で，一般的には，「逆さ言葉」などの言葉遊びとしてよく知られている。複雑できれいに出来上がっている例としては，Un veto corse la finira.「コルシカの拒否権がそれ（＝革命）を終わらせるだろう」← Revolution francaise「フランス革命」（これはナポレオンのクーデターの折に書かれたものである）（丸山（1981: 172）を参照）というフランス語のアナグラムがあり，英語でよく知られた例としては，Florence Nightingale → Flit on, cheering angel（軽やかに立ち働いて（病人を）慰める天使）がある。

ソシュールのアナグラム研究が静的な記号構造を破る可能性があると考えられるのは，アナグラムが，記号の「連辞関係」の秩序を破壊するのみならず，広義のアナグラムが「記号表現と記号内容の関係」「コードとメッセージの関係」などあらゆる構造の秩序をも破壊するものと考えられるからである。すなわち，記号のあらゆる構造を「かき混ぜる」ことによって，現存する構造を一旦破壊し，まったく新しい構造をポリフォニーのようにそこに重ねて提示する可能性をもたらすからである。それは高度に創造的で革新的な記号行為である。

たとえば，記号表現と記号内容の関係を破壊すると，『不思議の国のアリス』においてルイス・キャロルが生み出したようなノンセンスが生み出されることになる。as mad as a March hare（三月兎のように気が狂って），as mad as a hatter（帽子屋のように気が狂って）という成句から，「Hatter（帽子屋）」「March hare（三月兎）」という「存在」としての記号内容が生み出されている。ここでは，まず a March hare とか a Hatter という記号表現があって，そこからその記号内容が創造されているのである。

また，この作品には「ニセ海ガメ」(Mock Turtle) なるものが登場するが，これも「ニセ海ガメ・スープ」から作者が創り出したものである。「ニセ海ガメ・スープ」(Mock Turtle Soup) とは，高価な「海ガメ・スープ」(Turtle Soup) に似せて子牛を使って作ったものであるが，そのため図 2 に見るように，「ニセ海ガメ」は甲羅など，亀の姿をもつと同時に，牛の頭と蹄と尻尾をもったものとして描かれている。

図 2　ニセ海ガメ（Carroll (1860/1970: 127)）

この作品は，アリスがうたた寝の中で見る夢のお話であるという設定になっている。夢の中では日常の常識（社会的習慣的な記号）が支配する「意識」は消えて，社会的なコードを失った「無意識すなわちカオス」が支配的になる。

言語構造あるいは記号構造は，このカオスとしての記号に社会的な関係としてのさまざまなコード（＝常識）が与えられて生み出されるものである。したがって，ノンセンスやアナグラムの関係するカオスこそ，社会制度として統合された記号秩序（記号体系）がそこから生み出されることになる豊かな母胎であると言えるだろう（カオスと解釈の病理としての統合失調症の関係については，有馬(1986) を参照)。

ソシュールのアナグラム研究は研究半ばにして中断されることになったが，もし続けられていたならば，それは社会的習慣的な常識である「意識」と，カオスでありノンセンスである「無意識」を結びつけることになり，記号構造に創造的な力動性が与えられる一つの糸口となったかもしれない。このようなソシュールのアナグラム研究は結果的にはラカンやクリステバらが継承発展させるところとなり，「テクスト相互関連性」という考えが生み出されることになった。

今日の記号論ではよく知られているように，記号体系の中心にあるコードは社会的に安定していて保守的でなかなか変化しないが，体系の周縁に位置づけられている記号は構造的に不安定であるため，新しい記号はそのような構造の周縁から創造的に発生しやすい仕組みになっている。

構造の周縁にあるとは，たとえば今日の社会組織との関係で言えば，男女では女，本国人と外国人では外国人，おとなとこどもではこども，というような有標の存在である。発明発見というような新しい考えとの関係で言えば，常識は社会的に無標であり非常識は有標である。新しい考えは非常識として生まれる可能性が高いということになる。いうまでもなくアナグラムは記号のどのような二項関係について見ても，高度に非「常識」な記号関係を表している記号現象である。

さて，次章に見るパースの記号論は，何らかの特定の視点からの「解釈」という記号行為によって，構造を常に力動化していく記号過程（セミオシス）（Semiosis）を説明しようとするものである。特に注目されるのは，与えられたコンテクストの中での事例を説明するために，無意識を含む記憶の中から適切と思われる規則を仮説的に引き出そうとするアブダクションという創造的推論による解釈である。解釈がコンテクストに高度に依存する「日本語」の解釈の特徴とこのアブダクションがどのような関係にあるかということについても見ていきたいと思う。言語の論理構造のみならず，感情・注意・論理という重層的な記号構造の仕組みについて，「解釈の記号論」と呼ばれるパース記号論からどのようなことが見えてくるだろうか。

第 3 章

パース記号論からのアプローチ

第2章で見たように，ソシュールの「構造主義の記号論」は言語と文化についていろいろな発見をもたらした。それは「記号表現と記号内容」をはじめとする多様な二項関係のコードによって，体系的な記号の構造的な意味を明らかにしようとするものであった。

ソシュール記号論が二項的な「構造主義」であったとすれば，これからここに紹介するパース記号論は三項的な「解釈の記号論」として記号の力動的な働きを説明しようとするものである。それは「記号（Sign）」と「対象（Object）」と，それらを結びつける媒介の役割をする「解釈項（Interpretant）」という三つの項から成る解釈の仕組みに基づく記号論である。

ソシュールは本来言語学者であり，そこから言語記号のみならず非言語記号をも含む記号についての学である記号論について構想するようになった人で，ソシュール自身の具体的な論述は言語を中心とするものであった。それに対して，パースは最初から論理学，数学，哲学をはじめとする認識の根本的な仕組みに関心を示し，ドイツの著名な論理学者シュレーダー（E. Schröder）は当時パースのことを「あなたの名声はこれから何千年もの間ライプニッツかアリストテレスのように輝くでしょう」(Brent (1998)［有馬（訳）(2004: 440)］）と述べ，イギリスの数学者・論理学者クリフォード（W. K. Clifford）もパースをアリストテレスやブールと同列の論理学者として位置づけている（同訳書 (2004: 551)）。

パースは1898年頃の論文「謎をとくこと」において,「アリストテレス哲学のようなものをつくること，すなわち，これから長きにわたって ... あらゆる分野における人間の理性によるすべての仕事がその細部を埋めることであると思われるような非常に包括的な理論の輪郭を描くこと」(CP 1.1；ただし，慣例に従って，以下CPは*Collected Papers of Charles Sanders Peirce*を，2.276は第2巻パラグラフ276を表すものとする) を抱負として語っている。

パース記号論の強さの一つは，人間も動植物も物質もすべての存在は解釈する記号であるという普遍的な基盤をもっていることにある。その弱さは (厳密に言えば，それは弱さというよりは，真に革新的な理論に常に伴う必然性のようなものであるが)，たとえば言語学についてどのような記号論が提示されているかというと，創造的な骨組みはしっかりと示されてはいるが，その細部の議論は未だ荒削りで，詳細はその発展にゆだねられているという点であろうかと思われる。

このような状況の中で，近年の認知言語学におけるメタファーとメトニミーをめぐる考察は，結果的にはパースの記号の類像性と指標性についての考えを言語学との関係において具体的に展開しているものとなっている (パース記号論と認知言語学の関係について，有馬 (2001, 2014[2]) を参照)。他方において，ソシュール記号論が十分に扱うことのできなかった記号の力動的な側面，たとえば感情・注意・概念という多重的な記号の構造および新しい考えを生み出す推論の仕組みがパース記号論の中核にあることが今日ではよく認識されるようになっており，今後の記号論の発展がパース記号論に依拠するところが大きいことが見込まれている。近年，多様な領域からパース記号論に示されている高い関心は，何よりもよくそのことを物語っているとみてよいだろう。

さて，本書で問題となっている言語と文化との関係で注目されることは，記号と対象との関係についての「類像（Icon）」「指標(Index)」「象徴（Symbol)」という三つの関係性であろうと思われる。対象との関係が主として類似性による記号は類像記号，主として近接性によるものは指標記号，習慣性によるものは象徴記号と呼ばれている。

ここではまずこれら三つの関係性 について例示しながら，それらの特徴を明らかにするとともに，その解釈項が人間の場合，それが解釈の知情意（すなわち，概念・感情・注意）とどのように関係しているか，見ていくことにしたい。

次にこれら三つの関係性と密接に結びついている第一次性(Firstness)・第二次性（Secondness)・第三次性（Thirdness）というパース記号論の基本的カテゴリーの特質から考えて，母語の習得と外国語の習得という解釈の仕組みについて，そこにはどのように相違する記号の特質が働いているかということについて考えてみたい。

最後に，パース記号論の記号の解釈において働いている「アブダクション」「帰納」「演繹」という三つの推論について概観することから，日英語の解釈の特性と推論の関係について論ずることにしたい。また「アブダクション」という創造的推論の仕組みについて，「帰納」および「演繹」との相違について見ることにしよう。

1. 「知」「情」「意」の階層性―記号と対象との関係

ここでは記号と対象との関係における類像・指標・象徴という記号の特質について具体的に見ることから，人が対象を解釈するときどのように「知」「情」「意」が働いているのか，その関係性について考えてみよう。知は象徴性と，情すなわち感情は類像性と，そして意すなわち注意は指標性と結びついていることがわかってくるだろう。

1.1. 類像記号

対象との関係が主として類似性であるような記号は，その類似性のあり方がどのようなものであれ，それは類像記号（Iconic sign）と呼ばれる。すなわち類像記号とは，対象と主として何らかの類似関係にある記号である（CP 2.276 を参照)。パースによれば，その類似性のあり方にはイメージ（Images）による場合，ダイアグラム（Diagrams）による場合，メタファー（Metaphors）による場合がある。シンプルな質による類似性はイメージ，あるものの部分間の関係に類似した関係をそれ自体の部分間の関係において示すものはダイアグラム，記号の代表的な特質を他の何かにおけるそれとの平行性で表すものはメタファーと呼ばれる（CP 2.277 を参照)。

(1)　類像性（Iconicity）――
- イメージ（Images）
- ダイアグラム（Diagrams）
- メタファー（Metaphors）

視覚的なものとしては，「かたち」「色」等による類似性がある。たとえば，シンプルな質的類似性による「イメージ」的なものとしては絵がある。

対象の部分間の関係がそれ自体の部分間の関係に類似している「ダイアグラム」としては，グラフや地図がある。グラフでは，たとえば，A 年の人口が B 年に 2 倍になったのを示すのに，それが棒グラフであるとすれば，B 年の棒の長さは A 年の棒の 2 倍の長さで示される。日常的な心覚えとして作成される地図では，たとえば最寄りの駅から自宅までの道順を示すのに，たどられるべき道の大体の距離の割合と方向とその方向の変化に関係する何らかの目印のみが示されることが多く，関係性の低いものは捨象される傾向がある。何をどのように捨象するかしないかによって，多様な特徴と精度の地図が作成されることになる。

それでは「メタファー」とはどのような関係性のことをいうのだろうか。たとえば，暗い夜空の無数の星の中でひときわ明るく輝く星（スター）と多くの人々の中で何らかの点でひときわ優れて目立った存在である人物というように，相違する領域にあって，そこにひときわ優れて目立った存在という「（平行的な）特質を類似性として」見出すとすれば，それはメタファーである。そのような人物は，夜空にひときわ明るく輝く星（スター）のメタファーとして，それと同じように「星（スター）」と呼ばれることになる。

聴覚的な例としては，「音色」「メロディー」「リズム」等の音による類似性がある。ここでもまたその類似性は厳密に言えばイメージ，ダイアグラム，メタファーに分けることができるだろう。

たとえば，一つの音そのものが喚起するイメージというのがある。舌を高く上げて調音して呼気の流れる口腔の大きさを狭めて発する高く鋭く明るい音 [e, i] は「高さ，鋭さ，繊細さ，明るさ，冷たさ」等のイメージを表すのに対して，それとは対照的に舌を低く下げ口を大きく開けて発音する [ɑ, ɔ] はそれと反対の「低さ，鈍さ，大きさ，暗さ，暖かさ」の感じをイメージとして喚起する。

音の高さ・長さの変化から成るメロディーが「高低，大小」等の何らかの対比と変化を表しているように感じられるとすれば，それは部分間の関係を表すダイアグラム的な類像記号の働きである。

また，映画・演劇等での効果音がいろいろな雰囲気を醸し出すのに用いられるのは，音色・リズム等のメタファー的な用法と言えるだろう。「a <u>loud</u> necktie（「やかましい」ネクタイ→「派手な」ネクタイ）」というような表現は，聴覚と視覚の共感覚（共感覚とは，ある感覚でそれと類似した別の感覚を表すこと）によるメタファー表現である。

味覚的なものとしては，「甘い」「辛い」「渋い」等の味覚による類似性がある。「甘い言葉，甘い親，辛い批評，渋い好み」等，メタファーとして用いられることも多い。「sweetheart（恋人），sweet music（甘美な音楽），sweet-talk（おだてる），How sweet of you to～（～してくださるなんて，なんてやさしい方なんでしょう）」というような英語の例もある。

触覚的なものとしては，たとえば「赤ちゃんの肌」というサンプルの「イメージ」による類像表現がある。また「ごつごつ」「かたい」「とげとげした」という触覚との共感覚的類似性による聴覚的メタファーによって「ごつごつした声」「かたい声」「とげとげした声」という表現がある。

嗅覚的なものについては，「沈丁花の匂い」「バラの香り」と具体的なものに託した表現がよく用いられる。そして，容疑者等を指して「あの人物が臭い」などという。一般性を表現する概念としての言葉では表現しがたい（したがって，無意識の）微妙な感じを表すのに特に適しているのが嗅覚・味覚・触覚という原始的な感覚による類像記号であり，それは論理的に説明できない，概念化以前の感情を表すのに適している。

視覚と聴覚は，他者と一緒に遠くの山を眺めたり音楽を聴いたりすることができるように，対象を他者と共有することのできる客観性の高い「遠感覚」である。それに対して，味覚・触覚・嗅覚は，食中毒・やけど・ガス中毒などの例からもわかるように，「体内に対象を取り込まなければならない」危険と接した「近感覚」であり，それは（脳の進化の段階から見ても）脳内の情報処理の早い段階で感情に関係する古い脳で処理される原始的な感覚であることがわかっている（詳細については，都甲（2004），有馬（2012:

93-96) を参照)。香を焚くことや香水が宗教的儀式など言葉では表しがたい微妙な雰囲気をかもしだすのに効果的に用いられるのも，論理以前の説明しがたい感情を表現できる匂いの働きによるものだろう。

以下にあげるのは，上にあげた数少ない例を補うための類像記号の多様な例である。

1.1.1. 音の類似と意味の類似

ここに例示するのは，音象徴，語の一部または全部の重複，母音の変化，類似音の適用などによる「音」と対象との類似性による類像記号の例である。

(2) 音象徴としての擬声語・擬態語（オノマトペ）

音象徴は音響的または筋感覚的に条件づけられる無意識の記号である。たとえば，/i/ は口を小さく開けて発音されるので小さなもののイメージに適した感じがするとか，長音は短音より発音時間が長いためにそのメタファー的感覚によって時間的長さ，物理的大きさ，量の多さ等を表すのに適しているとか，「くるくる，とろとろ」等の重複形式は物事の反復や同じ状態が続く様子を表わすのに適しているというようなことである。このような音象徴は摩擦音，流音 /l, r/ をはじめ各母音・子音の調音における筋感覚のメタファーとして，また音響に対する人間の普遍的な心理的感性として，いろいろなこと

が述べられている。　　　　　　（有馬（2003: 110））

日本語ではオノマトペが発達していて，英語よりも格段に多くのオノマトペが用いられている。

(3) a. 反復および継続を意味する語（語の一部または全部の重複）。
bow-wow ワンワン（イヌのなき声），hee-haw ヒーホー（ロバのなき声），ping-pong ピンポン，see-saw シーソー，ding-dong キンコン，ゴーンゴーン（鐘の音），rub-a-dub ドンドン（太鼓の音），ticktack チクタク（時計の音），ドキンドキン（心臓の音），ticktock カッチンカッチン（大時計の音）

b. 増大を意味する形式（母音の変化（概して /i/—/a/—/o/ の順））。
bleb—blob—blub（水泡—しずく—（顔や頬の）ふくれ）; chip—chap—chop（薄切れ—割れ目—厚切れ）；flash—flush（閃光—（光・色の）輝き）；flip—flap—flop（指先ではじく—はためかす—ドサッと投げる）；jiggle—joggle（軽くゆする—ぐらつかせる）

日本語では，「コツコツ靴音を響かせて，コツコツドアをたたく，コツコツ働く，コツコツ貯金をする，コツコツ努力する」「コロコロ転がる，コロコロ気が変わる，コロコロ肥えた」というようにオノマトペのメタファー化も発達していて，多義的に用いられているのが一つの特徴となっている。

下記の例は，日本語のオノマトペとは相違して，メタファー的な転用が少ない英語のオノマトペの例である。

(4) bang バタン，ドシン，boo ブー，boom ブーン，brrr ブルッブルッ，cackle コッコッ（めんどりが），cheep ピヨピヨ（ヒヨコが），チュウチュウ（子ネズミが），fizz シュシュ，gibber（わけのわからないことを）早口でしゃべる，giggle くすくす（笑う），hiss シュー，シーッ，hum ブンブン，mmm（考え込んで）うーん，mumble ぶつぶつ，pop ポン，quack（アヒルなどが）ガーガー，rumble（雷など）ゴロゴロ，simmer（シチューなどが）とろとろ煮える，titter（忍び笑い）くすくす，zzz（いびき）グーグー

たとえば，イヌが人の顔を舐めるときに，日本語ならば「なめなめ」というよりは「ペロペロ」となるところが，それを「なめなめ」タイプで表現する LAP LAP，あくびを YAWN，チェッを RATS のように，概念的な言語表現を多くの場合そのままオノマトペのように用いることが多いのは英語の特徴である。

(5) 意味の類似性が音の類似性から「微妙に」感じ取られる場合

a. ... father, mother, brother; ten, -teen, -ty; three, thirty, third; two, twelve, twenty, twi-, twin; eleven, twelve; slimy + lithe → slithy（Jakobson（1971: 354）

［訳書（1978: 78-79），下線は有馬］）

b. bash（強打する），mash（すりつぶす），smash（粉砕する，バシッと打つ），crash（ガチャン），dash（投げつける，はねとばす），lash（ムチ等で打つ），hash（細かく切り刻む），rash（発疹，吹き出物），brash（けばけばしい，もろい），clash（ガチャン），trash（ゴミ，屑），plash（パシャパシャ，ザブザブ），splash（ザブン），flash（ピカッと，パッと）
(Bolinger in Jakobson（1971: 354），和訳と下線は有馬）

1.1.2. 量によるメタファー

ここに例示するのは，「強意，丁寧さ，複数性，比較級・最上級の程度」などを語や文の長さの程度（程度に比例して長くなる）によって表現する類像的な記号表現である。

(6) 語の長さと強意の程度
a looooooooong story（なが～～～～いお話）

(7) 文の長さと丁寧さの程度（下記は「禁煙を求める」例。丁寧度が増すほど，文言が長くなる傾向がある）
a. No smoking.（禁煙）
b. Don't smoke, will you?（禁煙ですよ）
c. Would you mind not smoking here, please?
（ここでは禁煙にご協力お願い致します）
d. Customers are requested to refrain from smoking if they can.（お客様におかれましてはどうか禁煙にご協力く

ださいますように)

e. We would appreciate if you could refrain from smoking as it can be disturbing to other diners. Thank you.（おそれいりますが，他のお客様の御迷惑になりませんよう，禁煙にご協力いただきますよう，どうかよろしくお願い申し上げます）

(8) 単数形に形態素を「加える」複数形
彼—彼ら，鳥—鳥たち，山—山々
book—books; box—boxes; child—children
ただし foot—feet；mouse—mice のような例外もある。

(9) 概して，形容詞の原級・比較級・最上級は，音素数の「漸次的増加」を示す
高い—もっと高い—もっとも高い
high—higher—highest；strong—stronger—strongest
ただし good—better—best のような例外もある。

1.1.3. 距離によるメタファー

言語形式の距離が意味関係の距離をメタファーとして類像的に表している場合がある。すなわち，語句の距離が近ければ近いほど，それらの意味関係も近いことを表している場合である。

(10) a. I believe Mary kind.
b. I believe Mary to be kind.

c. I believe that Mary is kind.

(10a, b, c) において共通しているのは，I，believe，Mary，kind という四つの語句であり，相違しているのは，これらの語句のつながりの「直接性の程度」(すなわち距離) である。英語では，(a) のように語句が直接つながっているほど，それらの語句の意味関係も直接的なものであり，語句のつながりが間接的になればなるほど，意味関係も間接的なものになる傾向がある。そこで，上記の (10a-c) に次のような三つの解釈が与えられたとすれば，例文 (10a-c) と解釈 ①～ ③ の結びつきは，(a)—①，(b)—③，(c)—② となる。

① 私は自分がメアリーについて直接体験したことによって，メアリーが親切であると考えている。

② 私は他人の話などの間接的な経験から，メアリーが親切な人ではないかと推測している。

③ 私がメアリーを親切であると考えているのは，(a) ほどの直接的な経験によるものではなく，また (c) ほどの間接的な根拠によるのでもなく，それらの中間ぐらいの根拠に基づいた経験的判断によるものである。

(11) large red（形—色）house
nice smooth（評価—質）floor
steep rocky（形—質）hill
the three kind old Japanese（冠詞—数—評価—老若—国籍）

women

上記の例のように英語の名詞に複数の形容詞が修飾語として付く場合，日本語ではそれらの形容詞の語順は特に決まっていないが，英語の場合は被修飾語である名詞との意味関係が密接で本質的なものであればあるほど名詞の近くに位置づけられ，その意味関係が弱いほど名詞から遠く離れて位置づけられる。英語では，被修飾語である名詞との意味関係の距離が修飾語の語順として類像化されている（本書 p. 58 を参照）。

1.1.4.　発話の順序によるメタファー

強調などによって発話の順序に変更が生ずることがあるが，ここにあげるのは一般的な発話の場合である。

(12)　発話の順序と事象の時間的順序や階層的順序

a.　朝起きて，顔を洗って，朝食を食べた。

b.　春夏秋冬。朝昼晩。朝夕。［発話の順序は，出来事や現象の時間的順序を表している］

c.　cash and carry（配達なしの現金払い←「現金そして運ぶ（現金を払って，（商品を）持ち帰る）」）; cause and effect（因果関係←「原因と結果」）; day and night（日夜）; give and take（もちつもたれつ←「与えて受け取る」）; hit and run（野球でのヒット・アンド・ラン，ひき逃げ←「打ち当てて走る／逃げる」）; now and then（ときどき←「今そしてそれから」）; park and ride（郊外居住者がパーキング場まで車で来て，そこから電車など公共交通手段を利用する方式＝パーク・アンド・ライド方式）；trial and error（試行錯誤）；wait and see（成り行き次第で←「待つ，そして，見る」）。

〈時間的順序〉

d. 先生と私。首相と一行。男女。兄弟。夫妻。姉妹。father and son（父子──社会的上下関係）；man and wife（夫妻──男性優位）；you and I（あなたと私──礼儀によって相手に敬意を表して，相手を優先する）；the U.S.-Japan ～ cf. 日本では「日米」，アメリカでは「the US-Japan」〈自国を優先する〉

〈社会的な優先的順序〉

(13) 条件節は帰結節に先行〈論理的順序〉

時間があれば，一緒に買い物に行きましょう。

If you have time, come with me for shopping.

1.1.5. 「意味の混成・複合」と「形式の混成・複合」（混成語・複合語）

ここに示すのは，二つの意味（記号内容）の混成を二つのことば（記号表現）の混成によって類像的に表現した事例である。

(14) a. brunch ブランチ (breakfast + lunch)

b. smog スモッグ (smoke + fog)

c. bluebell ブルーベル〈blue + bell 青い釣鐘状の花〉，blue-collar ブルーカラー〈blue + collar「エリ」→

表2　アルファベットの歴史

原音価	エジプト象形文字 文字	エジプト象形文字 意味	シナイ文字	ヘブライ文字 文字	ヘブライ文字 名称	ヘブライ文字 意味	フェニキア文字	ギリシャ文字 原始ギリシャ文字	ギリシャ文字 イオニア文字	ギリシャ文字 名称	ラテン文字
ʾ		雄牛		א	ʾāleph	雄牛			*Αα*	alpha	A
b		家		ב	bêth	家			*Ββ*	bēta	B
g		カド，槍投げ器		ג	gîmel	槍投げ器（？）			*Γγ*	gamma	G
d		ドア	—	ד	dāleth	ドア			*Δδ*	delta	D
h		高い		ה	hê	見よ！			*Εε*	epsilon	E
z		そり		ז	zayin	武器（？）			*Ι*（*Ζ*）*ζ*	zēta	Z
ḥ		ねじった糸の束		ח	ḥêth	—			*Ηη*	ēta	H
ṭ	—	—		ט	têth	—		⊗	*Θθ*	thēta	TH
y		手		י	yôdh	手			*Ιι*	iōta	I
k		イグサ		כ	kaph	手，大枝			*Κκ*	kappa	K
l		太ひも，笏（シャク）		ל	lamedh	（家畜を追う）付き棒			*Λλ*	lambda	L
m		水		מ	mêm	水			*Μμ*	mū	M
n		コブラ		נ	nûn	魚，ヘビ			*Νν*	nū	N
ʿ		目		ע	ʿayin	目	○	○	*Οο*	omīcron	O
p		口		פ	pē	口			*Ππ*	pei	P
r		頭		ר	rêš	頭			*Ρρ*	rhō	R
š		山脈		ש	sîn	真実，山頂			*Σσς*	sigma	S
t		？		ת	tāw	しるし		T	*Ττ*	tau	T

〔註〕各字母において対照すべき文字のない場合は省いた。原音価欄中 ʾ は声門閉鎖音を，ʿ は有声摩擦咽頭音を，ḥ はスコットランド語の ch に近い音を，ṭ はセム語に特有の強い t 音をそれぞれ表わす。

（大塚高信（編）（1970：88）；ただし，表の中の日本語は引用者による和訳）

「服」のメトニミーで，「青い服」→作業服→肉体労働〉，white-collar ホワイトカラー〈「白い服（ワイシャツ）」→事務労働〉； newscast ニュース放送［番組］〈news + cast（放送）［broadcast からの類推］〉，newsletter 会報〈news + letter〉，newsmagazine 時事週刊誌〈news + magazine〉

1.1.6. 文字の歴史的な類像的変化

表音文字と言われる英語のアルファベットも，その起源は表2に示されているように，エジプトの絵文字から発達した象形文字である。

たとえば，アルファベット文字Aの場合，文字の形の起源は雄牛の頭部であり，その形がエジプト象形文字→シナイ文字→ヘブライ文字→フェニキア文字→ギリシャ文字→ラテン文字と多様に簡略化され変化して，今日のような形になっている。その表音性は，「雄牛」を意味する語「'āleph」（アレフ）」の語頭音が起源である。

1.1.7. その他の多様な類像的表現

アルファベットや漢字の歴史が示しているように，今日用いられている文字も対象の絵文字から発達してきたところが大きい。ここに挙げるのは，文字等の象徴記号の基底に見出すことのできる対象との何らかの点における類像性がクローズアップされている国旗・絵画詩（コンクリート・ポエトリー）・マンガ・書道芸術などに見られる類像性である。

(15)　国旗の類像性

図３　イギリスの国旗（Union Jack）に含まれているイングランドの旗・スコットランドの旗・（かつての）北アイルランドの旗。三つの旗の対等性を示す線の上下等の組み合わせ方に注目。

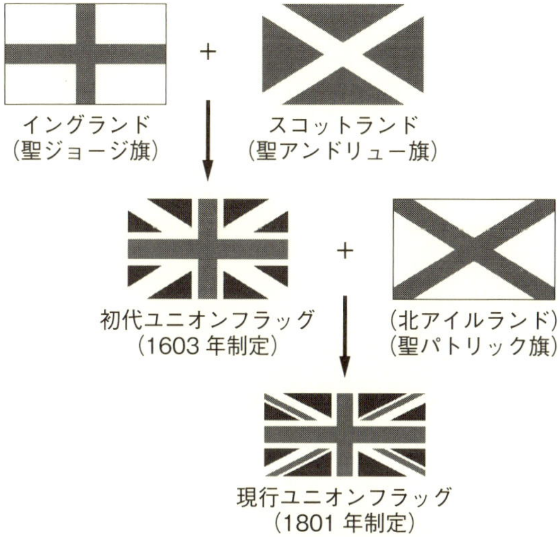

図 4　アメリカ合衆国の旗（星条旗）の星は現在の州の数 (50) を表し，紅白の条は独立当時の州の数 (13) を表す。

(16)　コンクリート・ポエトリー等に見られる類像性

(コンクリート・ポエトリーについて，さらに詳しくは，有馬 (1995)，Arima (1996) を参照)

a.　北原白秋の作品「海雀」では，行末を結ぶと，海雀が波乗りをして遊んでいる波頭に類似したかたちになる（図 5 を参照）。

図 5　北原白秋「海雀」（コンクリート・ポエトリーの例）

海雀、海雀、
銀の点々、海雀、
波ゆりくればゆりあげて、
波ひきゆけばかげ失する、
海雀、海雀、
銀の点々、海雀。

——北原白秋「海雀」

b. ルイス・キャロルの作品『不思議の国のアリス』では，ネズミの長い身の上話は，ネズミが「私の話は a long and a sad tale です」と言った a long ... tale のところを a long ... tail と同音異義に誤解して聞いているアリスには，図６のような「ネズミのしっぽの類像記号」として受け取られることになった（Carroll (1865) を参照)。

図６「ネズミのしっぽ」(a long tale → A long tail）の類像記号（Carroll (1865)）

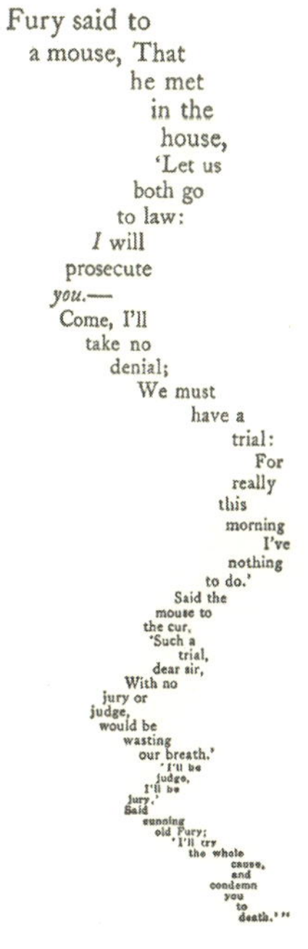
Fury said to
a mouse, That
he met
in the
house,
'Let us
both go
to law:
I will
prosecute
you.—
Come, I'll
take no
denial;
We must
have a
trial:
For
really
this
morning
I've
nothing
to do.'
Said the
mouse to
the cur,
'Such a
trial,
dear sir,
With no
jury or
judge,
would be
wasting
our breath.'
'I'll be
judge,
I'll be
jury.'
Said
cunning
old Fury;
'I'll try
the whole
cause,
and
condemn
you
to
death.'"

図７「やわらかで ...」（フォントーベル・真理子（2006)）

やわらかでぬくきたましいまるまるとけもののかわにくるまれており

図7の歌の表記に用いられている「ひらがな」の柔らかな形と響きは，この歌の心を表す見事な類像記号となっていると思われる。これを活字ではなく手書きで，そして毛筆で表記すれば，さらにその類像性は増すことになるだろう。

c. 広告・マンガ・書道の文字の類像性—芸術的に高度に類像化した文字は，文字とも絵ともつかない抽象画の趣を見せることがある（図8，図9を参照）。

図8　広告，アニメ，マンガ等の文字の図案性（Schulz (1955)（谷川(訳)））

図9　芸術的に類像化した文字（芹沢銈介「風の字」(1957年)［柏市所蔵］）

1.2. 指標記号

パース（CP 2.283-291）によれば，対象との関係が主として「近接的なつながり」にあるような記号は指標と呼ばれる。したがって，「黒雲」は降雨の指標であり，「風見鶏」（風向計）は風向きの指標である。「煙」は火の指標であり，人の「足跡」は誰かがそこにいたことを示す指標であり，「脈拍が亢進する」のは病気の指標となる。また，固有名詞，人称代名詞，関係代名詞は，それが指示している物や人や先行詞とつながって用いられる指標記号である。

時計の動きは時間とつながっているので，時計は時間の指標記号である。そこで，「時計を気にする」とは「時間を気にする」ことになる。ドアをノックする音，その他の私たちの注意をひくもの，私たちを驚かせるものは，すべて何らかの指標記号である。私たちの注意をそちらに向けさせるからである。

幾何学の図形（三角形の頂点 ABC の頂点 A から辺 BC に垂直に～）や法律文書（甲が乙に～）で用いられる A，B，C や甲，乙 ... 等の文字も指標記号である。また，英語の any，every，all，no，none，whatever，whoever，everybody，anybody，nobody や，some，something，somebody，a，a certain，some or other も指標記号であり，前置詞や on the right/left of～（～の右側／左側に）のような前置詞句も，場所などを特定して指し示す指標記号である（CP 2.289-290 を参照）。

ほかにも顕著な指標記号の例としては，たとえば次のような近接的な（メトニミー的な）表現がある。

(18) 容器・場所で内容・出来事を指す

a. This is an excellent dish. [dish（皿→料理）]

b. I go to school. [school（学校→授業）]

(19) 身体の部分でその主要な働きを指す：brain（知力），hand（労力），head（長，かしら），heart（感情，気持ち）

a. He has a math brain.（彼は数学がよくできる）

b. We are short of hands.（人手が足りない）

c. A school head（校長）

d. A gentle heart（やさしい心）

(20) 作者で作品を指す

a. I am curious to see the Utamaros.
[歌麿→歌麿の描いた浮世絵の作品]

b. I like Bach. [バッハ→バッハの作曲になる音楽]

(21) 人で人の名前

I'm not in the list. [私→私の名前]

(22) 場所でそこにいる人々・そこが代表すること等

a. White House [ホワイトハウス（米大統領官邸）→米国政府]

b. My village escaped the disaster. [私の村→私の村の人々]

(23)　略語（語の部分で全体を示す）

ad—advertisement; bike—bicycle; bus—omnibus; cellphone—cellular phone; doc—doctor; exam—examination; gas—gasoline; gym—gymnasium; Inc—Incorporated; lab—laboratory; math—mathematics; mike—microphone; phone—telephone; photo—photograph; plane—airplane; pro—professional; pub—public house; www—world wide web

その他，実際に用いられている象徴記号には，大なり小なり常に記号の指標性が含まれているものである。私たちは常に何らかの視点から「対象のある側面に注意を向けている」からである。

1.3.　象徴記号

象徴記号は，記号と対象との関係が主として社会的な習慣性にあるような記号である（CP 2.292-304 を参照）。習慣性は規則的になること，すなわち「法則性」を獲得することであるので，象徴記号の特性は法則性である。

象徴性は常に類を指し示すものであって，特定のものを指し示すのではない。それは概念と呼ばれるもので，概念は目に見えないが心の中に生きているもので，一般性をその特徴としている。言語記号の最大の特性は，この象徴性である。

たとえば，ネコを指して「そのネコ」と呼ぶのは指標記号であり，そのネコの鳴き声の聴覚的イメージやネコを抱いたときの感触は類像記号であるが,「これはイヌではなくネコです」と言うときの「ネコ」は象徴記号である。「ネコ」という象徴記号で捉えられる概念の対象も,他の視点から捉えられることによって,「三毛猫」「ペット」「動物」「生き物」などと「ネコ」以外にも概念化が多様になされる可能性がある。このように象徴性は視点と関係している。

「概念」によって,私たちは「今ここ」の世界から解放されて自由な「想像的世界」に生きることができるようになる。概念化において用いられる言葉は社会的な習慣性によって成っているために,私たちは言語という概念を用いることによって,多様な社会的見方を獲得したり生み出したりすることができるようになる。

言語を介して私たちは過去の社会のものの見方・解釈の仕方を知ることができるのみならず,自由に想像力を働かせ推論することによって,新しいものの見方を生み出して未来のための新しい概念世界の創造に参加することができるようになる。

パースが述べた有名なことば「Symbols grow.（象徴は成長する）」（CP 2.302）というのは,記号の象徴性によって発展する概念の世界,すなわち「記号の象徴性が新しい思考世界を拓いていくこと」を意味していると思われる。言葉の概念が時代とともに変化し進んでいくのはその証左であり,パースはその具体例として「force, law, wealth, marriage（力,法,富,結婚）」というような概念が昔に比べるといかに変化してきたかということを指摘している（CP 2.302）。

最も基底的な記号の性質は類像性であり,その上にその類像記号を含んであるのが指標性であり，その指標性は象徴記号に含まれて用いられることになるため，結局のところ，実際に用いられる象徴記号には，程度の差はあれ指標性も類像性も含まれているということになる。そのために，同一の言語メッセージを発しても，それを受け取って解釈する人の感情のあり方や対象のどの点にその人の注意が向けられているかによって，発信者と受信者の間で，あるいは複数の受信者の間で，それぞれ解釈がいくらか相違してくる可能性があるということになる。

2.　言語習得と母語の特性—第一次性・第二次性・第三次性

パースは記号の基本的カテゴリーである第一次性・第二次性・第三次性について，次のように述べている。「第一（First）は，他のいかなるものとも関係なく，それだけであるもの，第二（Second）は，他の何かとの関係・反応であるもの，第三（Third）は，第一と第二を関係づける媒介の役目を果たすものであり」，「心理学では感情が第一，反応が第二，一般的概念が第三すなわち媒介性である」，と。(CP 6.32)［1981］を参照。また，CP 1.353; 5. 90, Jakobson（1971: 345–359）［早田（訳）(1978: 67–84)］; Hiraga (2005: 29-30) をも参照)。

そして第一次性（Firstness）・第二次性（Secondness）・第三次性（Thirdness）の関係については，「第三次性は第二次性と第一次性を前提とし，それらを含んでいるのみならず，第三次性のあるところには必ず第一次性や第二次性を見出すことになる」(CP

5.90）と述べている。このことから，「明らかに第三次性は第一次性と第二次性を含んでいるということになる」（Hiraga (2005: 30)）。

言語文化との関係で言えば，上記の記号の階層的関係から，まず最初に感情があり，次に他の何かとの関係・反応によって向けられることになる注意には感情が含まれており，そのように感情を含んだ注意（＝対象の特定の側面に「反応」すること）が概念の中に含まれているということになる。

このことは，感情→注意→概念という順序で記号としての人間が発達していく過程によく表れている。生まれたばかりの赤ちゃんは言葉を知らず，何らかの働きかけに反応するというのでもなく，ただ泣いたり笑ったりするだけの感情的な存在で，それだけで存在する第一次性による「一項関係」の存在である。

それがやがて 6 カ月頃になると周囲に注意を向けるようになり，関心のあるものを指さしたり相手の感情的な表現に反応したりするようになる。これは，「他の何かとの関係にある」反応という第二次性による「二項関係」である。

そしてやがて 9 カ月～12 カ月頃になると，周囲の人が向けている注意を媒介として自分もそれに注意を向けるようになり（＝共同注意），第三次性による三項関係を発達させるようになる。共同注意によって，他の人が自分と同じように「意図をもった存在」であることが理解できるようになり，他の人がしていることを模倣して学習することができるようになっていく。これが近年の認知言語学において注目されている「9 カ月革命」という現象である（Tomasello (1999, 2003) を参照）。これは象徴性の発現である。

三項関係に見られる「媒介」というのは，対象との間にそれを解釈するための何らかの第三項を媒介させるということであり，他者の視線（注意）を媒介として自分も同じように対象の一定の側面に注意を向けることによって「注意の共有」を行おうとするのはその例である。

言語は三項関係による認識の典型的なものであり，これによって「概念」を表すことができるようになる。それは天使や竜というような想像上の概念であることもあれば，一見したところ同一の対象が「リンゴ」と呼ばれたり「果物」と呼ばれたり「植物」と呼ばれたりするように，相違する視点から捉えられた相違する概念であったりする。

言語が表現するのは常に概念であって，固有名詞の場合以外では，対象そのものではない。対象のどのような側面が概念として表現されることになるかということは，そのとき解釈においてどのようなことが必要とされているかによって相違してくるところがある。同じ言語でも地域と時代によって，語彙や言いまわしに相違があるのはそのためである。言語には昔からその言語を用いて生活してきた人々の様々な視点による解釈の仕方が概念として蓄積されている。人々はそれを共有することによって文化の伝統とつながり，その文化の他の成員とつながって生きていくことができることになる。そして言語は常に変化する環境の中で人々が生きていくのに最適であるように解釈しなおされ更新されながら，いわば解釈の新陳代謝を遂げながら未来へと受け継がれていく人々の解釈の蓄積である。ヒトは言語をもつことによって概念を組織化することができるようになり，それによってホモ・サピエンス（知恵ある人）となったのである。（この三つのパラグラフは，有馬（2012b: 45–46）から一部省略と補筆による引用。）

最初は感情的な存在でしかなかった赤ちゃんも一歳に近づく（9〜12カ月頃になる）頃になると，社会的な注意を共有するようになる。「一歳の誕生日が近づくにつれて ... 鏡の中に見える物体を振り返って見始める。しかし鏡に映っているのが自分であることを理解するのは，生後18カ月ごろになってから」（ドラーイスマ，鈴木(訳)(2009: 44)）である。精神年齢がこの頃になると，「私」としての自分自身がわかるようになるということだろう。

18カ月というのは，言葉を話し始める年齢である。象徴性によって特徴づけられる言葉が記号の三項関係として発達すること，そして9〜12カ月に芽生えてくる他者意識と同時に自己意識が芽生えてくることからわかるように，生後18カ月頃に言葉を話し始める頃には，人は自己意識をかなりしっかりもつようになっており，無意識から意識的な存在に変化し始めているということになる。

よく知られているように，言葉の理解は発話に先行するものであるため，話し始めは18カ月頃であるのに対して，それよりも早い9～12カ月には他者意識をもちはじめるとともに他者の言葉を理解し始めていると思われる。そして，生物学的な言語習得期（sensitive period）である12～13歳頃までずっと母語特有の言語習得がなされていくと思われる。

パース記号論から考えられる記号の特性に従えば，記号はカテゴリーの第一次性から第二次性そして第三次性の順に発現していく。このことは記号が類像→指標→象徴の順，すなわち感情→注意→概念の順に発達することを示している。新生児の赤ちゃんは感情的存在であり，6カ月の赤ちゃんは感情を伴った注意を発達させ始め，9～12カ月になると感情と注意に加えて概念という象徴性を発達させ始めるということになる。

12～13歳ごろになって母語の習得期が徐々に終わっていくものであるとすれば，低年齢であればあるほど，概念は未発達であるが感情はよく発達しており，概念の発達は注意力の発達よりは相対的に未熟なところがあるということになるだろう。

そうであるとすれば，低年齢であればあるほど，記号の象徴性（言語的概念）の働きは弱く，類像性（感情）や指標性（注意）という非言語的（無意識的）記号の働きが相対的に支配的な特性となって，その場の雰囲気や自分が注意をひかれた対象についての強い感情性とともに言語が獲得される傾向があるというのが母語の特性ということになる。

母語の習得は年齢が低ければ低いほど，言葉の抑揚やアクセントの強さというような言葉の音楽性や場面の抽象的な絵画性や雰囲気という感情的要素が強く無意識のうちに言葉とともに習得されるということになるだろう。それは，後年になって外国語を辞書と文法を用いたりしながら主として意識的に獲得することになる概念的（知的）な外国語の習得とは異質なものである。

このようにして，メロディーとともにおぼえる歌詞のようなものとして，言葉は一塊のチャンク（chunk）として体得されるというのが母語の大きな特徴となっているようだ。好悪にかかわらず強く感情的な言葉がその意味もよく知らない幼児に早く習得されるのも，それが自分自身および周囲に引き起こす大きな感情的反応とも関係しているからに違いない。

母語の習得の特徴は，感情（類像記号）から始まり注意（指標記号）へと進み，それに基づいて概念（象徴記号）が徐々に発達していくことである。すなわち幼い子どもほど概念的思考は未熟であり，感情性と指標性は相対的に強いということになるだろう。

自己意識は他者意識とともに 9～12 カ月の頃以降に社会的な概念（言語）とともに徐々に芽生えてくると考えられるため，少なくとも生後 9 カ月頃までの赤ちゃんはほとんど無意識の存在であるということになる。匂いや味という非「言語」的な（したがって，無意識の）感覚が幼いころの記憶と結びついているのも，このようなことと関係があるに違いない。

象徴記号は，その概念性によって一般性を扱うため，それによって客観的で抽象的な思考が可能になり，それは優れて知的な記号であるということになる。文法によって言葉の規則をおぼえながら経済的に習得される第二言語としての外国語が母語より後に主に概念として習得される知的なものであるとすれば，自然言語をその環境において（母語として）自然に習得する場合には，必ずその場における周囲の人々および解釈者の感情と注意が概念に入り込んでいるのが特徴的である。

これはまた，母語の習得が誰でもなぜほとんど無意識のうちに大きな意識的な努力なしに行われるかという理由でもあると思われる。そしてまた第４章で後述するように，適切な条件さえあれば，母語に近い言語は必ずしも一つに限られることはなく，複数のそのような言語をもつということも不可能ではないようである。幼い時から特定の場あるいは人間関係において特定の言語を用いる習慣が続けば，複数の言語を母語に近い状態で身につけることができるようである。一般的に言って，感情や関心（注意）の強さと結びついた習慣的な言語使用ということが言語習得期において大きな働きをしているのではないかということが推定されることになる。

3.　好まれる推論のタイプと日英語

推論には，アブダクション (Abduction)・帰納 (Induction)・演繹 (Deduction) という３種類のタイプの推論がある。古代ギリシャのアリストテレスが創設したのは演繹の論理学（三段論法）であり，その次にイギリスのＦ・ベーコンとＪ・Ｓ・ミル等によって確立されたのが帰納の論理学，そしてパースによってアブダクションが加えられてこれを主題にした「探究の論理学」が創設された（米盛 (2007: 6)）。

アブダクションは，仮説（Hypothesis）的推論，遡及（Re-troducion）的推論と呼ばれることもあるが，ここでは今日最もよく用いられている用語である「アブダクション」を用いることにする。アブダクションは状況・経験・記憶・知識等のコンテクストを参照しながら，与えられた結果に適合するような規則を仮説として提出することによって事例を説明しようとする推論である。

パースが挙げた例を用いてアブダクション・帰納・演繹という三つの推論を示すと，次のようになる。

「私が部屋に入って，そこにいろいろな種類の豆の入った多くの袋を見つけたとしよう。テーブルの上には一握りの白い豆がある。そして，しばらく探した後で，それらの袋の一つには白い豆ばかりが入っているのを見つけたとしよう。すぐ私は一つの蓋然性，言いかえれば妥当な推論として，この一握りの豆はその袋から取り出されたと推論する（CP 2.623）」。このような推論がアブダクションである。

(1)　アブダクション　　結果—ここにある豆は白い。
規則—この袋から出る豆はすべて白い。
∴事例—ここにある豆はこの袋から出たものだ。

「ここにある豆が白く」，しかも「この袋から出る豆はすべて白く」ても，ここにある豆は誰かがこの部屋の外からもってきたものかもしれないし，あるいは … と他の可能性を排除することはできないため，それは蓋然性（probability）として比較的弱い推論である。しかしこのようなコンテクストにおいて，「ここにある豆はこの袋から出たものだ」という仮説を「ここにある豆は白い」という結果を導く原因として想定することは蓋然性の高い推論であり，もしそれが真であるとすれば，それはこの結果を説明できる創造的な推論であるということになるだろう。なぜならば，この場合その仮説はこの推論の前提には含まれていない新しい種類の考えを提出していることになるからである。

帰納は，与えられた結果になるような多数の事例から一般化を行うことによって，そのクラスのすべてについてそれが当てはまるであろうと推論することである。したがって，大多数の事例とは相違する例外的なものが見つかれば，（実験室で行われる実験結果が示すように）その推論は再検討されなければならないだろう。

テーブルの上の豆が白いことを見て「ここにある豆は白い」という結果があることを認め，それと「ここにある豆はこの袋から出たものだ」という事例を組み合わせても，「この袋から出る豆はすべて白い」という推論が成り立つことは保証できない。この規則が成り立つためには，事例の数が 100％にならない限り，あくまで蓋然性にとどまらざるをえないからである。しかし，成立する事例の数が多くなればなるほど，推論の蓋然性が高くなるということは言えるだろう。

ここでも前提にはないことが導き出されているが，それはアブダクションの場合のように前提にはない新しい種類の考えではなく，前提と同類の考えではあるが，それを支持する事例の数が増えると，「規則」（に限りなく近づく）と見なされてくるということである。

(2)　帰納　　結果—ここにある豆は白い。
事例—ここにある豆はこの袋から出たものだ。
∴規則—この袋から出る豆はすべて白い。

これに対して，演繹は「ここにある豆はこの袋から出たものだ」という事例に「この袋から出る豆はすべて白い」という規則を適用するならば，「ここにある豆は白い」という結果がいわば自動的に当然の結果として導き出されるというような推論である。

(3)　演繹　　規則—この袋から出る豆はすべて白い。
事例—ここにある豆はこの袋から出たものだ。
∴結果—ここにある豆は白い。

演繹による「結果」はこの推論の前提となっている「規則」と「事例」にすでに含まれているものであるため，それはほぼ確実に導き出せる結果であると言えるだろう。これは分析的な推論である—これに対して，アブダクションと帰納は総合的推論あるいは拡張的推論と呼ばれることになる。演繹は蓋然性のきわめて高い推論である。いわば確認を行うための推論である。これは次のような三段論法と同様のものである—「人はすべて死す」「太郎は人である」→「太郎は死す」。

アブダクションは何か驚くべき現象を見て，その現象を説明できるような何らかの一般性をもつ「規則」を仮説として提出することによって，その事例に説明をあたえようとするものである。アブダクションの例として，パースはほかにもいろいろな例をあげているが，その中からもう一つアブダクションの例を引いてみよう。

それは，海から離れたずっと内陸部に魚の化石が発見された場合に行われるような推論である（CP 2.625）。このような状況において，「その内陸部はかつて「海」であった」のではないかと推論する場合である。この推論を定式化すると，

(4)　結果―内陸部に魚の化石がある。
　　規則―魚は海の生物である。
　　∴事例―その内陸部はかつて海であった。

となる。アブダクションはコンテクスト（状況・知識等を含む）を参照することによって，与えられた事例について蓋然性の高い仮説を提出することである。

このことからわかるように，アブダクションによって蓋然性の高い推論を行うためには，与えられた結果とコンテクストによく適合するような仮説を思いつかなければならない。したがって，問題となっているコンテクストに深く通じていればいるほど，そのような優れた仮説を思いつく蓋然性は増すだろうと思われる。それが日常的なことであれば，日常生活の経験知が深ければ深いほど，その可能性は高くなると思われるし，何か特定の研究分野というコンテクストであれば，その分野の知識はもちろんのこ

と，その分野に適用できる他分野の知識等の関連的な知識も役に立つことは多いことだろう。

アブダクションは「あて推量」と呼ばれることもあるが，それは結果的に見てそのように見えるということにすぎない。真に蓋然性の高いアブダクションを行うためには，当該問題に関係する非常に広く深く「柔軟な」理解が必要となってくる。この推論は単に正確な演算によって機械的に導き出せるような種類の推論ではないし，また多くの事例にあてはめてテストを繰り返すことによって蓋然性が高くなるような推論でもない。この点において，これは 3 種類の推論の中で最も難しい推論である。それは一見，ひらめきと呼ばれる偶然性のみによって生み出されるように見えるかもしれないが，文字どおりの偶然ではないことは明らかだ。求められている適切な仮説に応えるためには，広く深く関係する知識・経験等が必要とされ，そのためには無意識の記憶の領域までもが関係することになるだろう。アブダクションは何か驚くべき現象を見て，「これは ... の場合ではないだろうか」という創造的な仮説を立てることである。

青い顔をした人を見て「なにかの病気なのだろう」「今日の試験に備えて夜遅くまで起きて勉強していたからだろう」等と仮説を立てることは可能であるが，その人や関連する事情などをよく知っている人であればあるほど，適切な仮説が生み出されやすくなるはずである。そのような結果を生むことになるその人の性格や常日頃の習慣までをも経験的によく知っていることが必要になるかもしれないからである。

このように，アブダクション・帰納・演繹という三つの推論の各々について求められるものは，それぞれ相違していることがわかってくる。三段論法的な演繹は，コンピュータによる正確な演算によって機械的に処理できる種類の「演算の正確さ」である。すなわち規則の厳密な適用によって合理的に結果が導き出される推論である。それに対して，帰納には，結果的には一つのクラスに属することになると思われる多くの事例について適切なテストを注意深く繰り返すことが必要とされる。他方，アブダクションの場合には，コンテクストとの関係を広く深く理解して，必ずしも直線的には結びつかないものをも柔軟に結びつけるための創造的な想像力が必要になってくる。なお，パースはこのようなアブダクションのはたらきに「本能的能力」が関係していることを指摘している（CP 1.81, 6.476；米盛（2007: 69ff.）を参照）。それは遺伝的な生物学的記憶としての無意識の記憶を求める可能性に関係しているからだろう（Mladenov (2006) を参照）。

さて，アブダクションによって示された仮説は，「その仮説から導かれるすべての帰結を集めるために」演繹にかけられることになる。そして最後に「それらの帰結がどれだけ経験と一致するかを確かめ，仮説が経験的に正しいか，それとも本質的でない何らかの修正が必要か，あるいはまったく拒否すべきであるかを判断する」ために，帰納的な推論がなされることになる（CP 6.472）。厳密に言えば，このように三つの推論にはそれぞれの特徴と役割があり，互いに補い合って妥当な推論が成立するようになっている。（三つの推論について，さらに詳しくは有馬（2014: 193–197）を参照。)

すでに見てきたように，言語は必要に応じた解釈によって生み出されることばの習慣化したかたちであるため，日本語と英語の言語文化を形成してきた解釈の習慣は，これらの言語文化のかたちとして表れているはずである。そのことを見るためには，まずこれまでに述べてきた日英語の言語文化の相違を比較し整理してみなければならない。

表3は，本書において例示説明してきた日英語の言語文化の特徴を主要な13項目に整理した上で，相互に比較したものである。たとえば「音素数」について「少ない」「多い」と記されているのは，絶対的な「少ない」「多い」ではなく，日英語を比較した場合の相対的な「少ない」「多い」ということである。

表3から読み取れることは，日本語とその文化では意味の区別を明示的に言語形式（項目1~6）で表すことは比較的少ないということであり，オノマトペという感性的な類像記号による表現が発達しているということ（項目7），また非言語記号についても意味を明示的に区別するイーミックな形式は少なく（項目8，たとえば「身振り」），表現の明示性は低く，意味の無標である「自然」という根源的コンテクストを含めて，場や人や文脈との関係というコンテクストに強く依存する志向（項目9~13）が言語文化の特徴となっているということである。そして，これと逆のことが英語の言語文化の特徴となっている。(ただし，ここで英語の言語文化というのは概して英米文化のことであるが，ここでは伝統的な日本語の言語文化との比較において顕著な異質性を示すアメリカの言語文化を特に

表3　日英語の言語文化の特徴の比較

言語文化の特徴	日本語の言語文化	英語の言語文化
1　音素数	少ない	多い
2　意味の形式的区別	おおまか	詳細
3　語順	比較的自由	詳細に文法化
4　句読点の種類	少ない	多い
5　活字書体の種類	少ない	多い
6　オノマトペに代わる説明的な言語表現	少ない	多い
7　オノマトペ	多い	少ない
8　非言語のイーミックな形式	少ない	多い
9　自然性	高い	低い
10　志向性	自然志向	人工志向
11　表現の明示性	低い	高い
12　リズム	間のリズム	人工的な時計リズム
13　コンテクスト依存性	高い	低い

指して用いられている。今日の国際化を遂げつつある英語の多様性については，第４章においてあらためて見ることにしたい。)

このような日英語の特徴は，日本語の「点の論理」と英語の「線の論理」(外山滋比古 (1973))，日本語の「聞き手責任」と英語の「話し手責任」(Hinds (1987)) として類型化されることもある。

英語の「線の論理」とは，英語の論理の筋道は言語表現をそのまま線のようにたどっていけばわかるように明示されている傾向が強いということである。それに対して，日本語の「点の論理」とは，言語表現をそのままたどっただけではすぐに論理がつながらないような，論理の分断された言語表現となっているということである。そこで，言語表現を点と見做して，それらの点と点をつないで論理の筋道を見出すために，文脈や状況などのコンテクストを参照しながら仮説的に解釈することが必要になってくる。聞き手が話し手といわば共作するかのようにして，聞き手が話し手の論理を発見しようとすることによって，論理の筋道が生み出されていくということである。

さて，英語の話し手の場合は，できるだけ与えられた特定のコンテクストを離れて半ば外部の客観的な視点から「線の論理」を緊密に作れば，聞き手は概してそれをたどるだけでコミュニケーションは成立する傾向があると考えることができる。その場合，英語のコミュニケーションの成否の責任の大半は，話し手にあるということになる。これが英語の「話し手責任」ということの意味であろうかと思われる。

それに対して，日本語の「点の論理」は，聞き手が多様なコンテクストを適宜参照しながら，言語表現とコンテクストの関係について最も高い可能性のある解釈を仮説的に生み出すことによって点と点を結びつけないかぎり，コミュニケーションの成立はむずかしいと考えられているのである。これが日本語の「聞き手責任」と言われる理由であろうかと思われる。日本語でのコミュニケーションの成否は，そのような聞き手の仮説的で創造的な解釈力にかかっているということになる。その場合，日本語の話者の視点はコンテクスト（状況）に埋没していることが特徴となっていることが多いようだ。そしてコンテクストに埋没した視点から状況がどのように見えるかということが描写されていることが多いようである（Ikegami (1996: 96)）。

たとえば，次の各組の日英語の文は，このような解釈の相違をよく表したものとなっている（池上 (2006: 163, 183–185) を参照）。

(5) 道に迷って人にたずねるとき
 a. "Where am I?"
 b. 「ここはどこですか」

(6) 電話でのやりとり
 a. "May I speak with Mr. Jones?" "Speaking. / This is he."
 b. 「ジョウンズさんとお話しできますか」「私です」

(5a) の英語では，話し手は自分の居場所を聞くのに，誰か他人の居場所を聞くのと同じ構文で（つまり，"Where is she?" と同じ構文の "Where am I?" で）尋ねている。(5b) の日本語では，話者は状況に埋没して，その視点から「ここはどこですか」と言っている。(5b) では (5a) のように自己の他者化は行われていない。(6) の下線部についてもほぼ同様の見方をすることができるだろう。

このような日英語の解釈の相違について，先に述べたパース記号論におけるアブダクション・帰納・演繹という3種類の推論の相違と関係づけるならば，どうなるだろうか。コンテクストに高度に依存する日本語の暗示的な表現の解釈が聞き手の仮説的で創造的な解釈に依存していることが大きいことを知るとき，それがアブダクションという推論の創造性を高度に必要とするものであることは明らかであろう。それに対して英語の解釈は，常に論理を詳細に，できるだけ客観的な視点から明示化しようとしている点において，高度に分析的な演繹的推論によって特徴づけられているということができるだろう。

私たち日本語話者が英語を書いたり話したりするときに経験する違和感は，おそらく，日本語では文脈や状況などのコンテクストからわかる論理の詳細は言語化しないというところからくるものではないだろうか。日本語では，コンテクストから推論できることはできるだけ表現しないでおくほうが，余韻があって美しい日本語の特徴であるというふうに見なされているところがある。少なくとも伝統的な日本語では，解釈においてコンテクストは常に大きな意味を持っており，コンテクストを離れたものの見方はあまり好まれず，社会的に習慣化したものとはなっていないと言ってよいだろう。

そのような日本語の特徴を芸術の域にまで高め洗練したかたちが，国際的にも有名な「俳句」という短詩形式である。「伝統的な」俳句の特徴は次の四つの点から成っている。

1. 5・7・5拍（モーラ）の定型
2. 字間あきなしの一行連続表記

3. 季語（季節と結びついて，季節を暗示すると定められている語）
4. 切れ字（「や」「かな」「けり」「けれ」「ぞ」など）

5・7・5拍の短い語句の長さは，自然な息の長さが8拍子であるという見方（三善（1985），川本（1985）），そしてその結果として生み出される各フレーズの残余の3拍・1拍・3拍の沈黙の「間」による余韻とも関係しているように思われる（詳しくは，有馬（1995），Arima（1996）を参照）。

字間あきなしの1行連続表記は，句読点を用いない表記の特徴をさらに徹底した形式であり，少なくとも結果的には，これによって論理構造が多義的になる可能性が一層大きくなり，語句の意味のかかり方を求めてコンテクストとの多様な関係づけが活性化されることになる。（ただし，一部の現代俳句では「字間あき表記」が行われている。これは日本語表記の西欧化を示している点において，興味深い。）

季語は，伝統的な日本語文化のように，空間的にも時間的にも文化的にもコンテクストが高度に同質的であるがゆえに特定のコンテクストを高度に共有できる社会においては有効に働く要因であるが，アメリカではこのようなコンテクストの共有は概してむずかしい──地理的な広大さ，それによる季節感や時間の共有のむずかしさ，多民族・多文化による多様に相違するものの見方，暦や宗教的行事などの多様性が関係している。俳句も国際化すれば，季語についても新しい工夫が必要となるはずであり，実際そのような工夫はいろいろ試みられている（佐藤（編著）（1987）を参照)。

季語は，伝統的な日本文化においては，短詩形に必要とされる表現の経済性と暗示性に富む非常に効果的な詩的表現である。たとえば次のような季語を少し見るだけでも，自然に寄り添って生きる日本人が共有している感性に触れることができるだろう。

(7)　春

立春，啓蟄，彼岸，寒明け，春寒，花冷え，麗か，長閑，遅日，春暁，春の宵，八十八夜，春深し，暮春，晩春，行く春，春惜しむ，朧月，陽炎，霞，花曇，東風，春一番，風光る，春塵，春の雷，春雨，春の雪，別れ霜，...

(8)　夏

卯月，立夏，薄暑，晩夏，水無月，短夜，土用，大暑，涼し，雲の峰，南風，青嵐，風薫る，青葉冷，青葉闇，梅雨，空梅雨，戻り梅雨，五月雨，夕立，虹，雷，朝曇，日盛り，西日，炎天，旱，明早し，朝涼，遠雷，大南風，...

(9)　秋

立秋，残暑，二百十日，秋彼岸，秋分，秋の暮，青北風，秋の村雨，秋の色，秋の音，菊日和，夜長，秋寒，爽やか，冷やか，秋高し，秋晴，名月，十三夜，秋の星，流星，野分，台風，鰯雲，鯖雲，霧，狭霧，朝霧，露，...

(10)　冬

冬晴，小春日和，冬日和，オリオン，冬の星，冬の月，木枯，北風，時雨，霰，霙，霜，雪，新雪，深雪，細雪，粉雪，しづり雪，吹雪，地吹雪，風花，寒雷，雪起し，雪催，雪雲，三寒四温，待春，春近し，...

切れ字は，日本語の特性である「点の論理」を芸術的に強化するためのすぐれた工夫である。論理の切断が深ければ深いほど，切断された論理を結びつけようとする創造的な力はより一層強く働くと想定されるからである。そして，そこに大きな詩的感興が生まれることになる。

このように，俳句は高度のコンテクスト依存性・暗示的表現・点的論理・多義的な表現・聞き手責任というような日本語および日本文化の特徴を集約した言語形式となっている。それは，コンテクストを参照しながら創造的な推論を行うアブダクションの働きの必要性をクローズアップして見せてくれるものとなっている（コンテクスト参照度の高い解釈を必要とする日本語の解釈と俳句の関係について，さらに詳しくは Arima (1998) を参照）。

さて，以上において，英語と英語文化において好まれる推論のタイプが演繹であるのに対して，日本語と日本文化において好まれる推論のタイプがアブダクションに親和的なものであることについて述べてきた。

しかし，いろいろな状況について具体的な事例を挙げてから要件にアプローチしていくという典型的な日本語の談話構造では，多くの事例とその暗示的な結果から単純な規則を導く帰納的推論が用いられていることもよく知られているとおりである。むしろアブダクションという推論が日本語において好まれているという見方のほうが，これまであまり目が向けられてこなかった解釈の側面であると言うべきかもしれない。そして，帰納的推論とアブダクションはどちらも拡張的推論であることを見てもわかるように，日本語・日本文化は非分析的推論である「拡張的推論（「総合的推論」とも呼ばれる）」を好む傾向があると言うとすれば，そのほうが日本語の特徴についてのより厳密に妥当な言い方であると言ってよいかもしれない。

さて，このような暗示的創造的推論と関係するコンテクスト参照による日本語の解釈ということについては，天野みどり (2002, 2011) の試みが興味深い。そこには「帰納」や「アブダクション」という用語は用いられていないが，構文のプロトタイプ的な類型的意味をベースにして「言語形式にない意味」をコンテクストから創り出して「文意を先に予想する」という仮説的な創造的推論によって，部分の意味の集合からだけでは出てこない意味を作り出す日本語に顕著にみられる言語使用のプロセスについての説明がなされようとしている。

第4章

異文化間コミュニケーションと英語

これまでソシュールとパースの記号論について述べるとともに，その視点から見た日英語とその文化の特徴について論じてきた。そして言語と文化の密接な関係について，すなわち言語は文化であり，そのことが母語の重要性と結びついていることについて論じてきた。

この第 4 章では，ますますグローバル化の進む今日，異文化間コミュニケーションの共通語として英語が用いられていることについて，言語と文化と母語の関係についての記号論を踏まえて次の三つの点から考えてみたいと思う（なお，下記の「3. グローバル化と英語」は有馬 (2000) を大幅に改稿したものである)。

1. 今なぜ英語を使う必要があるのか
2. 共通語としてどのような英語が求められているのか
3. グローバル化と英語

1. 今なぜ英語を使う必要があるのか

歴史を振り返って見るとわかるように，時代によって場所によって異文化間コミュニケーションに必要とされる言語は同じではなかった。

日本語と外国語の関係では，今日の中国の人口の 94% 以上を占める漢民族が用いている漢語が最も古く，それは上代よりもさらに過去に遡り，外国語として日本語の中に入ってきた言葉の数も諸外国語の中で最も多いが，日本では漢語は本来は外国語であったという意識は低いために，通常，このような漢語は外国語から除外されているようだ。（なお，「中国語」という名称は現代漢語をさすのに用いられ，古代から現代までの総称としては「漢語」が用いられることが多い。）

日本に初めてきたヨーロッパ人ということになると，知られているかぎりでは，それは 1543 年に種子島に漂着したポルトガル人である。彼らによって多くの文物がもたらされ，「パン，テンプラ，タバコ，カルタ，ボタン，ジュバン」等，多くのポルトガル語が日本語に入ってきた。17 世紀に入ってオランダは 1609 年に長崎の平戸で，1640 年に出島に移って貿易を行い，17～19 世紀の鎖国中，日本はヨーロッパではオランダとのみ貿易していたため，「コップ，ブリキ，ズック，アルカリ，エーテル，ガス，カバン，ゴム，コンパス，ランドセル」等多くのオランダ語が日本語に入っている。その後ドイツから医学・化学・登山・日常生活等について学ぶところが大きくあったために，たとえば「カルテ，ガーゼ，ケロイド，コラーゲン，ノイローゼ，ホルモン」「ウラン，エネルギー，ゲル」「ザイル，ピッケル，リュックサック，ヤッケ」「アルバイト，ルンペン」等のドイツ語が入っている。

このような現象は世界の他の地域についても例外ではなく，たとえばアフリカの旧ポルトガル領ではポルトガル語が公用語となり，17 世紀のオランダの植民地であった南アフリカで用いられたオランダ語は南アフリカ共和国のアフリカーンス語に発達している。このように外国語は政治，経済，学術等の必要性による何らかの交流に伴うものとしてもたらされることが多いものであった。

さて，それでは今日，国際的なコミュニケーションにおいて，世界中のほとんどどこででもなぜ英語が最も必要とされているのだろうか。一部の地域を除いてあらゆるところで英語は世界の共通語と見做されているかに見えるが，なぜそのような事態に至っているのだろうか。

そのことについてはまず第一に，大英帝国と呼ばれるイギリスによる植民地支配という歴史に目を向けなければならない。イギリスは大英帝国としてエリザベス一世（在位 1558-1603）時代の海外探検に始まりアメリカ植民地が独立するまでの間，北アメリカ，西インド諸島，インドへの植民地支配を行い（第一次帝国），19 世紀にはカナダ，オーストラリア，ニュージーランド，インド，南アフリカ等を支配している（第二次帝国）。しかしその後，白人植民地は自治領となり，大英帝国はイギリス連邦となり，有色人植民地も第二次世界大戦後は次々と独立していった。そして，今日，次のような事態に私たちは直面しているのである。

(1) 今日，すべての言語の中で英語を話す人の数が最も多い。英語を話すネイティブ（母語として英語を話す人）とノンネイティブ（母語でない英語を話す人）を総合すると，すべての言語の中で英語を話す人の数が最も多いということになる。その上，英語を話す人は，ノンネイティブのほうがネイティブよりも多い。これが特に注目されている点である。

(2) 英語はそれを母語として用いる人々にとってのアイデンティティーとしてのみならず，ノンネイティブのための公用語として，また新しい英語の変種（地域色のある英語，New varieties of English）として，最も広く多くの地域および国際会議等の場において用いられている。

英語を母語とする人々としては，イギリス・アメリカ・カナダ・オーストラリア・ニュージーランド等の人々がいるが，もし母語話者の数ということに限れば，中国語を母語とする人のほうが英語を母語とする人より数は多い。しかし，中国語を母語としない人どうしが中国語でコミュニケートすることはあまり見られないのに対して，英語については「フランス人と日本人」とか，「中国人とインド人」というように，英語の非母語話者どうしの間で英語を共通語としてコミュニケートするということが多くみられるのが特徴となっている。

なぜ，今日，このように非母語話者として英語を話す人が多いのだろうか。まず第一に考えられることは，英語はかつての大英帝国の植民地であったインド・パキスタン・スリランカ・シンガポール・ブルネイ・マレーシア・ナイジェリア・ケニア・ガーナのような国々の公用語であったということがある。第二に言えることは，これらの土地でそれぞれの地域色（地域文化）をもつ英語であるインド英語・シンガポール英語等を発達させてきたということがある。これらの英語は，もはやイギリス文化のお仕着せではないと言えるかもしれない。

このようにして，今日，英語は英語を母語とする人々のアイデンティティを示すものとしてのみならず，多くの地域の公用語として，そして国連をはじめとする国際的な政治・経済の会議，いろいろな国際学会における公用語として，国際的学術誌に発表される論文の言語として，科学技術の言語として，娯楽・メディアの言語として広く用いられるようになっている。

しかし，いかなる言語もそれを母語としない人々にとってはなかなか自由に使いこなせないものである。公用語となっていても，それが母語でない場合，自分を十分に表現しているという気持ちになることができないために，多かれ少なかれフラストレーションをおぼえるものである。たとえばこのことは，母語ではなく国民の35%の人々しか話すことができない公用語の英語で政治・経済・法律等のすべてが動いているというアフリカのガンビアの人々の悩みとして表明されている（Khan (2009) を参照)。そこでは生活の中枢は多くの人々が使いこなせない英語で動いているため，英語を話すことのできる一部のエリート以外の国民にとって，自分たちが自分たちの国政に参加しているという意識が持てないという悩みが表明されている。

それにもかかわらず，日本人やフランス人のように，かつての大英帝国の植民地ではなかった国の人々である英語の非母語話者までもが，共通語として英語を用いるようになっている。それは，現代が稀に見る通信・交通手段の発達によって，政治・経済・

その他のあらゆる分野において，瞬時にして世界を結びつけるグローバルなコミュニケーションのための共通語が切実に必要とされている時代だからではないだろうか。そして，英語は最も多くの人々によって用いられている言語であるために，一つの大きな流れの中でそのような共通語として英語が自然に選ばれてきたのではないだろうか。

2.　共通語としてどのような英語が求められているのか

このようにしていろいろな必要上，それが非母語であってもどうしても英語を共通語として用いなければならないということに直面して，人々は次第に次のようなことに気づくようになってきた。

(1)　英語の非母語話者は，英米人というような英語の母語話者とコミュニケートするよりも，フランス人と日本人が英語で話すというように，非母語話者どうしでコミュニケートするほうがよりよいコミュニケーションができると感ずるようになってきた。なぜならば，そのほうがより平易な言いまわしで話せるからであり，語彙や文法上の間違いをおかしても，同様の困難を経験している者どうしとして，それを共感をもって容認することができるために気が楽であり，共感度が高くて，異文化間コミュニケーションが負担に感じられないからである。これは後述する「グロービッシュ（Globish）」という単純化された英語が生み出されるようになった経験的基盤でもあった。

(2) よりよい異文化間コミュニケーションのためには，表面的には同じように英語を使っていても，互いに相手の言語文化と相違している者どうしが話しているということを常にわきまえておくことが必要である。そのためには，英語という言語の表面的な理解のみではなく，話し手の言語の使い方（挨拶言葉の言いまわし，好まれる論理，等）や話されている言葉について話し手のもっている文化的な意味合いについて，そして非言語記号（身振り・表情など）の文化的な意味について，「互いに理解しようとする気持ちをもつこと」が異文化間コミュニケーションに臨む心的態度として重要である。

英語を話したり聞いたりするとき，英語だからと言って英米文化が優先されるのではなく，相手が中国人であれば中国の文化が，日本人であれば日本文化がまず優先されなければならない。

ある言葉やある行為が，A 文化では個人的なものと見做されているのが，B 文化では社会的な慣行であるということがあり，そのことを知らないと，異文化間コミュニケーションにおける誤解は容易に生ずることになる（Sapir (1927) in Mandelbaum (ed.) (1949: 553, 556–557); Sapir in Darnell and Irvine (eds.) (1999: 214, 219); 有

馬 (2012a: 21-30) を参照)。互いの文化を母語話者のように理解することは難しいことではあるが，むしろ「正しく相手の文化を理解していないかもしれない」という気持ちを常に大切にし，そのようにして謙虚であると同時に寛容の精神をもって相互の言語文化を理解しようと努めることこそ，コミュニケーションをよりよいものへと導く大きな要因ではないかと考えられるようになっている。自文化の視点を離れて相手の文化の視点にも立ってみようと努めながら，互いに相手を尊重し理解しようとする「心的態度」をもつことが重要なのである。

グロービッシュ (Globish) という用語は，1989年，フランス人ジャン＝ポール・ネリエール (Jean-Paul Nerrière) によってビジネス上の異文化間コミュニケーションに用いられる共通語として，単純でわかりやすい英語としての国際英語 (Global English) を目ざして用いられ始めたものであった。そして，それはその後多くの人々の共感を呼び，少なくともその基本的精神は世界中に急速に広まっていった。

フランス語を母語とするネリエールは，IBMの国際マーケッティング担当の副社長として日本に出張していたのであるが，その時，アメリカで部下や同僚のアメリカ人の社員と英語で仕事をしている時よりも，日本人やアジア諸国の人々と英語で話しているときのほうがよりよいコミュニケーションができるということに気づいたのであった。

英米人相手に仕事をしているときには，彼らの英語を「正しい英語」として，それから外れた話し方をしないようにという意識につきまとわれていたのであった。しかし，日本人などのノンネイティブの人たちとの英語のコミュニケーションにおいては，相互にとって外国語である英語はうまく話せなくて当たり前であり，語彙・文法ともに双方にとって限られた知識であり，自ら単純化された英語になっていることに気づかれたのであった。

グロービッシュの主唱者がこのようにフランス人であったということは，偶然のことではなかったと思われる。なぜならば，たとえばシンガポールや韓国などでは学校教育においてできるだけ多くの科目を英語で行おうとすることが志向されているようであり，世界中がこぞって英語教育に躍起となっているかに見える近年にあって，フランスは母語フランス語こそ彼らのアイデンティティを護るものとして母語を特に重視してきたからである。

経験上誰もがよく知っているように，そして本書において母語成立の特質との関係において論じてきたように，母語（あるいは母語に相当する言語）においてのみ人は自由自在にものを考えることができるのであるから，それを自らの母語ではない英語に譲り渡すということは，二つの母語をもつバイリンガルにならないとすれば，自らの母語を失って英語を母語としようとすること，すなわち英語でしか自由自在にものが考えられない人間になろうとすることである。これは，英語の拡大とともに，多くの部族語などの他の小さな言語が消えていきつつある世界の現状を説明するものである。

たしかに，二つ以上の言語を「ほぼ母語のように」身につけることも，条件が整えば不可能ではないことはよく知られている。

次にあげるのは，複数の言語をほぼ母語のように自由に使うことができるようになった人についての「両親の母語　自然に切り替え」という記事である。

> スイスのドイツ語圏で育ちましたが，日本語の読み書きや思考，会話が苦労なくできるのは，日本人の父が私と日本語以外で話さなかったのが大きいと思います。
>
> 父とスイス人の母は互いの言語を話せないので，夫婦間では英語で話します。私や妹には，父は日本語，母はドイツ語を使います。家族が集うと日独英の三つの言語が飛び交います。親の顔を見ただけで自然に日本語・ドイツ語に切り替わります。
>
> 日本語は毎週土曜，補習校で読み書き中心に勉強しました。無理強いはされず，平仮名カルタで遊んだり，衛星放送で子ども番組を見たり，父がよく本を読み聞かせてくれたりしました。
>
> 学校では普段ドイツ語で過ごし，小学校でフランス語を習い始めました。高校では一部の教科を英語で学びました。日独英なら原著が読めますが，日本に住んで5年たち，思考や読み書きを含め日本語が一番です。
>
> ドイツ語を話せない父は，子どもの私によく通訳を頼みました。… 言葉が複数分かるおかげで視野が広がりました。
>
> （朝日新聞　日刊　2014年11月4日）

しかし，言語習得期の12〜13歳ごろまでに外国語としての英語について，英語一辺倒の教育と環境があたえられるとき，その結果は最初からわかりきったことである。それは，本書の第 3 章の 2 節において「言語習得と母語の特性」について述べたように，知情意のすべてにおいて英語を自由に使いこなして英語で感じ，英語で考え，英語で自由に表現できる人間が生み出されると同時に，本来の母語も家庭の中など一定の場において必要とされないならば，あまり使われなくなったその名ばかりの母語は失われていくことになるだろう。しかし，話し手の母語と土地の文化が日常的に必要とされ続けるということになれば，それは彼らの英語の特質としても残ることになるだろう。マレー語や中国語の影響を受けた独特の英語である「シングリッシュ」(Singlish) と呼ばれるシンガポール英語などは，そのような種類の英語であると言ってよいかもしれない。

今日のシンガポールでは，ビジネスでは英語，生活の場ではシングリッシュと呼ばれる英語と各民族の母語が用いられていることが多いようである。すべての国民は，学校教育で英語と母語の両方に習熟することが求められているからである。そこでそのような教育を受けた一定年齢以上のシンガポール人は，「程度の差はあれ」英語を理解することができるようになっており，日常生活では彼らはしばしば英語と母語を混合した言葉を用いることが観察されている。

さて，このようなかたちの英語とは一見したところ無関係に見える注目すべき事例は，イギリス英語から分かれて長い間独自の発達を遂げてきたアメリカ英語である。世界中から多様な言語文化の集まるアメリカでは，少なくとも第一世代から移民は，自分が育ってきた故郷の母語とは別に，なんとかして共通語としてのアメリカ英語をも身につけようとしてきた。多言語多文化の集まるアメリカでは，特定の文化とのみ関係するような表現ではなく，どのような視点から見てもすぐわかるような明示的な表現・規則性・より単純化された表現が必要とされてきた。

したがって，イギリスで長年の歴史的な慣習によって保持されてきた暗示的な表現，メタファー的な表現も，アメリカでは普遍的で明示的な表現へと変化する傾向があった。それはアメリカ英語のあらゆる側面に表れているが，その最もわかりやすい例の一つは，綴り字である。たとえば，イギリス英語の綴り字であるhonour, labour, waggon, traveller, judgement, mould, axe, offence, defence, theatre, centre, catalogue, programme, plough に対して，アメリカ英語では honor, labor, wagon, traveler, judgment, mold, ax, offense, defense, theater, center, catalog, program, plow というような，発音をできるだけ単純に直接表したような，わかりやすい綴り字が用いられるようになっている。文法で過去形が現在完了形にとってかわりつつあるのも，同様の単純化の流れにある現象と言ってよいかもしれない。

このような現象は，たとえばポルトガル語の場合，ポルトガルのポルトガル語では発音されない文字が残っているのに（例：fracturar（骨折）），ブラジルのポルトガル語では発音されない文字は消えている（例：fraturar）とか，ポルトガルでは発音されないのに残っている文字をブラジルでは発音するようになっている（例：estudente（学生）ストウダンテ→エストウダンテ）のと同様の現象であると言えるだろう。

移民による故郷の母語の保持は，ヒスパニック系移民について特に強く顕著であるが，その彼らでさえ，第三世代になると第一世代の母語であった故郷の言語はおおむね消え去っていて，彼らの共通語の第一は英語となっていると報告されている（Rumbaut, Massey and Bean (2006) 参照）。複数の母語をもち続けるためには，特に第二世代以降では何らかの必要性に迫られて個人的な努力がなされないかぎり，一般的には先の引用文に示されていたような，それらの言語が必要とされ続ける何らかの条件が環境としてあたえられていることが条件となるようだ。

言語がいかに文化と切り離せないものであるかということは，第2章および第3章で見てきたとおりである。コミュニケーションが単に言葉だけの問題ではなく文化の問題であることは，同じ英語でありながら次のように相違する習慣的言いまわしがあることや，相違する非言語的慣習にも表れている。（以下にあげるいくつかの例は，そのような言いまわしや非言語的慣習の相違に関係する単純な例である。本名, Kirkpatrick and Gilbert (2001) より抜粋）。

(3)　語彙（車の部位）
bonnets, boots, gear levers （英）
hoods, trunks, stick shifts （米）
ボンネット，トランク，変速レバー （日本語）

(4)　挨拶

Hello, how are you?—Fine, thank you.（英）

Hi!—Have a nice day.（米）

How are you doing?—Great. / Doing great, thanks.（米）

How are you going?—Good, thanks. See you later.（オーストラリア）

Where are you going?（中国）

Have you eaten? — Yes, I have.（アジアの多くの地域）

(5)　文法

<u>Have you bought</u> your car yet?（英）［現在完了］

<u>Did you buy</u> your car yet?（米）［過去］

My father <u>he</u> was very strict.（シンガポール）［主語の繰り返し］

Can you open the window? — <u>Can</u>.（シンガポール）［主語の省略］

(6)　リズム

強勢拍リズム（=Stress-timed rhythm）が英，米，オーストラリア，等において用いられている場合，強勢拍リズムのために短縮された母音 /ə/（schwa と呼ばれる）は，非母語話者には聴き取りにくい。

Wher-ev-ye-been?

等間隔シラブル（=Syllable-timed rhythm）が日本語，

フランス語，スペイン語，シンガポール英語等，そして世界の大部分の英語および英語の変種（local varieties of English）において用いられている場合，母音も子音も非母語話者に聴き取りやすい発音となっている。（シンガポール英語がシラブル単位のリズムになっているのは，彼らの第一言語である中国語やマレー語の影響であると考えられている。）

Where-have-you-been?

(7) 依頼の仕方

冒頭に要件・その後に理由などの付随事項を示す（英米など概して西洋）

冒頭に状況などの付随事項・最後に要件（日本など概して東洋），そして，最初に相手を褒める・その後で要件に入る（中国）

(8) 丁寧な言い方

Pass the salt, please. / Could you pass the salt, please?（英米の場合）

原則として，相手の自主性を尊重するのが礼儀にかなっていると考えられているが，その程度は文化によって相違する。たとえば警官が市民の所持品を調べる必要があるとき，「命令形」を用いて Open that bag! と言うか否か，等。

(9)　褒め言葉

明示的に表現し，また聞き手はそれを率直に受け入れる（英米の場合）。

例：　I hear John has done brilliantly in the exams. You must be very proud.—Thank you. Yes, he did do well.

ほめられた時は，へりくだって，まずは儀礼的に否定するのが慣例（伝統的な日本語の場合）。

(10)　結婚後の妻の姓名などのいくつかの事例

a.　妻の名前は変わらないが，子どもは父方の姓（韓国，ベトナム，マレーシア）／旧姓を保持することが多い。子どもは父方の姓（中国）

b.　夫の姓（日本，英米，オーストラリア，等。—しかし旧姓保持が増えてきている）

c.　夫妻名をハイフンで結ぶこと（double-barrelled names）が徐々に増加傾向（西洋）

d.　夫の個人名を妻の姓にする（インドのある地域）

(11)　非言語記号

a.　挨拶するとき，握手などしながら相手の目を直視する。（これは，英米をはじめ西洋では礼儀正しいが，日本などでは（特に昔は），場合によっては相手の目を直視することは挑戦的と見なされることがあった。）

b. 人前での身体接触。

- 人前で男性同士が手をつないだり肩を組むことは，西洋では同性愛者と見做される傾向があるが，少なくともインドではそうではない。
- 握手，ハグ，頬にキスは，英米では一般的。日本では人前での大人同士の身体接触は少ない。
- お辞儀（アジアではお辞儀は一般的であるが，その仕方には文化的多様性がある）。
- 子どもの頭をなでる（地域によっては無礼な行為である）。

コミュニケーションが単に文字どおり言葉を理解するだけの問題でないということは，上にあげた「褒め言葉」に対する反応の仕方一つを見ても明らかであろう。異文化間コミュニケーションがうまくいかないときには，それが単なる個人の考えの相違ではなくて，相違する文化に原因があるのではないかとまず考えてみることが重要である。

国際的な共通語として英語が用いられることによって，多くの小さな言語が消滅しつつあるのは事実であるが，他方において特に旧植民地において「シングリッシュ」（シンガポール英語），「ヒングリッシュ」（ヒンディー訛りの英語）のように地域文化の特色をもった地域英語（varieties of English）が多く育っていることは注目されることである。英語はアジア，アフリカ，その他の多くの地域の母語と混じり合って一種のクレオール化を遂げている場合が多いようである。

そして今日ビジネスなどで必要とされている異文化間コミュニケーションに役立つ英語は，その基本精神が「グロービッシュ」のようなわかりやすい単純な文法と限られた語彙による英語になる傾向があるようだ。今日，英語は厳密に言えばもはやネイティブの人たちだけのものではなくなっているということは明らかである。

そして重要なことは，私たちは言葉を使って「考えている」ということである。ビジネスに必要な何らかのメッセージを交わすのみではなく，「深くものを考える」必要があるとき，多くの場合,「自由自在に使いこなせる母語」がどうしても求められることになる。次に引用するのは，最近，新聞記事として掲載されていた物理学者の益川敏英氏の言葉である。それは深くものを考えることと母語の働きに関係するものである。

> ノーベル物理学賞をもらった後，招かれて旅した中国と韓国で発見がありました。彼らは「どうやったらノーベル賞が取れるか」を真剣に考えていた。国力にそう違いはないはずの日本が次々に取るのはなぜか，と。その答えが，日本語で最先端のところまで勉強できるからではないか，というのです。自国語で深く考えることができるのはすごいことだ，と。彼らは英語のテキストに頼らざるを得ない。… 日本語で十分に間に合うこの国はアジアでは珍しい存在なんだ，と知ったのです。　（朝日新聞　日刊　2014 年 11 月 26 日）

しかし，同じノーベル物理学賞受賞者の中村修二氏は，テレビの報道によれば，物理学の研究においても英語が使いこなせるようになるための教育が非常に必要であることを強調されている。

一見すると両氏のこれらの見解は正反対の主張のように見えるかもしれないが，そうではないと思われる。そしてまたそれらの見解は決して新しいものではなく，これまでにも何度も繰り返し表明されてきた考えでもある。すなわち，「よくものを考える力を育てる母語すなわち日本語の力」と「異文化間コミュニケーションに必要な英語力」として。深く考えるためには母語の力が必要であり，国際的な場というような異文化間コミュニケーションにおいて自分の考えを発表したり他者の考えを理解するためには，それに関係する外国語（今日では英語）が必要であるという切実な認識を表明している点において，これら二つの考えは決して相反するものではない。むしろ「言語と思考」「言語とコミュニケーション」の強い結びつきをそれぞれの側面において強調しているにすぎないと見ることもできるだろう。

現代社会のグローバルなコミュニケーションにおいて，たとえば上にあげた両氏のような研究者の場合について言えば，国際的な学会での発表や質疑応答，国際的な専門誌での論文発表などにおいて，もっともよく用いられているのは英語であるということについての再認識が一方にあり，そのために英語の必要性が強調されているのであり，創造的思考と無意識と母語との深い結びつきについての（おそらく経験的に得られた）再認識が他方において指摘されていると見ることができるのではないだろうか。

これまで本書で論じてきたことから考えてこのことが特に興味深く思われるのは，ここで問題となっている言語と思考との関係において，母語がもつ特質についてよく考えてみなければならないのではないかと思われるからである。感情・注意・論理を意識的・無意識的に駆使して自由に使いこなせる言語としての母語が創造的推論において果たす働きの重要性を否定することはできない。他方，コンテクストを異にする異文化間コミュニケーションにおいて，今日，相違する論理の筋道をなんとか結びつけ翻訳する役割を果たす共通言語としての英語の重要性もまた否定することのできないものである。

そこで，英語が自分にとっての母語でもあれば，英語で何不自由なく思考しコミュニケートすることもできるのではないか，という多くの「英語の非母語話者」がいだく非現実的な幻想を誰しも思い描くことになるかもしれない。しかし，世界中の人々の母語が英語だけになり，誰でもどこでも英語でのみコミュニケーションがなされるようになるということは，英語以外の多様な発想や論理（すなわち多様な文化）は消えて，すべてが英語の論理一色になるということであり，これはまたもう一つ別のさらに根本的な思考の貧困を生みだすことになるのは明らかである。

英語を母語としないかぎり英語による自由な思考と自由な異文化間コミュニケーションとの両方が容易には可能にならないという現実を直視するとき，そこにどのような可能性を見出すことができるだろうか。グローバル化する現代社会における英語とのつきあい方について，考えてみることにしよう。

3. グローバル化と英語

3.1. 「母語」と「母国語」と「国語」

母語と母国語と国語は必ずしも同じではない。

母語は，幼児のときから無意識のうちに生活の中で自然に身につけられるその人の所属する言語共同体の言葉である。そして，母語は言語共同体の文化と知的にも感情的にも深く結びついている。なぜなら，ことばは日々の生活の中で当該社会の人々の関心の焦点となってきたことを記号として表しているものだからである。それは語彙のレベルのみならず文法をも含む「言いまわし (Fashions of speaking)」全体について言えることである。言葉は生活の中での個人の社会的必要性の経験を通じて自然に出来上がっていくものであり，必要性が低下して用いられなくなるとともに自然に消滅していくような記号現象である。そして生活の中での必要性とともに選択的に記号化される言葉は，当然その言葉が用いられる文化的コンテクストに習慣的に付随する特有の感覚感情を帯びている記号でもある。

したがって，言語習得期に生活の中で自然に習得される母語にあっては，何がその言語共同体の関心の的（指標性）であるか，そこにどのような感情（類像性）がまとわりついているかということとともに，言語はその社会の約束事としての言語記号（語彙と文法）すなわち記号の象徴性として身につけられることになる。そのために，新しい心的経験が既存の習慣化した「言いまわし」では十分に表現できなくなったと感じられる場合には，母語話者は新しいコンテクストに適う新しいメタファーやメトニミーを創出して，新しい「言いまわし」を自由に創り出すことができるものである。このようにして，母語においては，人は自由自在に自分を表現できるという感じをもつことになる。

ケラー(R. Keller (1994))は言語変化について述べ，ことばは必然と偶然と習慣によって生まれたり変化したりして出来上がっていくことを示している。それはちょうど，道のない草地でも，なにかの必要が生じて偶然誰かが通ったコースが同じ必要のために次第に他の人々によっても使用されることになり，踏み固められて，細い小道が次第に広く大きな道となっていくようなものである，と。このように，生活の必要性の変化とともに，「言いまわし」としての道はさらに踏みならされて広いしっかりした道になったり，あるいは消えていったり，あるいはそれまでとは違った方向に道がつけられていったりするものである。母語は，このように生活の中の生きた言葉である。

田中克彦 (1975: 57ff.) がドイツの言語学者レオ・シュピッツァーの論述とダンテの「俗語論」に従って述べているところによれば,「母語」という用語が初めて文献に現れたのは1119年中世ラテン語のテキストの中で materna lingua としてであり，それは俗語あるいは自然語を指しており，古典期のラテン語で用いられる「父語」(sermo patrius) において重んじられる「伝統と規範」から解放された自然のことばであったという。

他方,「母国語」について言えば，それは必ずしもすべての人に与えられているものではない。母語が，たまたま，政治的関係によって決まることになる「国家の言語（＝国語）」と一致する場合にのみ，母国語という言い方は可能となる。母国語の問題は，多くの日本人にとっての日本語のように，同一話者において母語と国語（国家の言語）が同じ言語である場合には意識されにくいものである。

しかし，たとえばロシアのように，広大な地域を占める国の中に多くの民族があり多くの言語が話されているところでは，母語と国語の問題は国家の存立をゆるがす大きな問題となる。非ヨーロッパ語であるグルジア語を母語とするスターリンは，自らの体験を通じて民族と言語の強い結びつきをよく自覚していたために，次のように述べて，母語がいかに思考と密接に結びついているか，よく認識していたのであった。

> 集会や演説会で母語を使うことが許されず，学校が彼らにたいしてとざされているとすれば，タタール人あるいはユダヤ人の労働者の精神的才能の完全な発展などということを，まじめに論じることはできない。（田中克彦（1975: 100）に引用された「マルクス主義と民族問題」）

しかし，民族の指標としての言語を尊重することは，一つの国家が多数の民族から成る場合には，多言語状況を生み出すことになるため，国家が強く統制支配しようとする場合には，政治的な理由で一つの「国家の言語」が志向されることになる。

いずれか一つの民族言語を国家の言語として位置づけることによって，結果的に他の民族の言語を抑圧しようとする試みは，抑圧された言語を母語として用いる人々の思考の自由としてのアイデンティティを抑圧することになり，多くの場合，それに対する抵抗が必ず反動として表れ，激しい言語戦争としての民族間紛争が引き起こされることになる。人々がそれほどに母語に執着するのは，母語を離れては創造的に自由に思考することができないからではないだろうか。人間は母語を通じて極めて高度に言語的な存在であり，したがって母語の抑圧は存在の抑圧につながることになるからではないだろうか。

そのように考えると，国家の言語と母語についてみたのと同様のことが，英語と非英語の関係についても言えることになるのではないかということがわかってくる。少々英語ができる人であっても，それがその人の母語でない場合，それは母語話者の自由度とは比べものにならないだろう。そして，十分に自己表現できない自分を顧みたとき，あたかも自分の存在感まで言語能力に比例して未熟なものに感じられて，母語としての英語使用者に対して精神的に劣っているかのように感ずるという傾向も生じてくる。

田中克彦 (1991: 197–198) が指摘しているように，ソシュールは早くも『一般言語学講義』において，「つまり，社会的なつながりは言語の共有を生み出しやすく，またおそらくは，このようにして現れた共有の言語の上に，ある性格を刻みつけるものだ。逆に，民族的単位を作り出すのは，ある程度まで言語の共有である。一般に言語共同体がなにものであるかを言おうとするならば，この民族的単位を持ち出せば十分に説明がつく」(田中克彦訳) と述べている。ここでソシュールが「ある程度まで」という留保をつけているのは，それが宗教である場合もあるからだろう。田中克彦 (1991: 206) によれば，言語学者シューハルトも「私はこの語［民族］によって …1 つの言語共同体というものを考える」と述べているという。しかし民族の指標としての言語をいう人にあっても，一つの言語共同体が複数の民族共同体を含みうるということにも多くの場合よく気づかれている。

とらえ難い民族という概念をまとめているものは，言語と，記号論的に言えば言語の一種である宗教という特性にほかならないようだ。

3.2.　多言語社会の状況

生物界では「棲み分け」という共存が行われているが，その場合，なわばりからの越境は排除という攻撃をまねくことになりがちである。このことは言語の共存についても言えるところがあるようだ。

ここでは英語に関係するいくつかの多言語社会の状況についての報告をまず概観することにしよう。

多言語社会アメリカでは，英語を国家の言語として宣言するかどうかで，とりわけ 1981 年（1981 年に英語を合衆国の公用語と宣言する法案が提出されたが，廃案となった）以来激しい議論が続いている。

アメリカでは建国時の政治・経済との関係からアングロ・サクソン民族の英語が支配的であり，その英語を話すアングロ・サクソンに他民族が同化するという暗黙の志向のもとに，かつては

「人種のるつぼ」ということが言われてきたが，実際には同化は難しく，スペイン語をはじめとするフランス語，ドイツ語，イタリア語，中国語，タガログ語，ポーランド語，韓国語，ベトナム語，ポルトガル語，日本語等（話者人口の大きい順）多様な言語（と宗教）をもつ多民族がそれぞれの言語を棄てることなく，しかし英語を共通語とすることを志向するという「サラダ・ボウル」と称されるような多言語社会が出来上がっている。

「2020 年にはヒスパニック，アジア系，黒人を中心として非白人の数は今の 2 倍以上に増大し ... 2056 年には白人の数を上回るようになる」（本名信行（1997: 55））と予測されている。そこで国家を一つの言語で統一するために英語公用語案が 1981 年に提起されて問題となったが，州単位では，それはカリフォルニア（1986）ほか多くの州で成立している。

しかしながら，人々のアイデンティティは第一に民族の言語にあるため，このような状況下ではあちこちでトラブルが絶えず，多くの識者とりわけ言語学者は「イングリッシュ・オンリー」と呼ばれるような英語公用語の方向ではなく，バイリンガリズムのほうが望ましいと唱えている。すなわち民族の言語を母語として保持しつつ，共通語としての英語を習得するということである。

カナダでは，ケベックでフランス語，その他の地域で英語が話されるというように，地域別の棲み分けが行われている。しかし，ケベックのカナダ人は仕事を求めるためには英語が必要となるため，彼らは自己のアイデンティティとしてのカナダ方言のフランス語のほかに，本国フランスのフランス語と仕事のための英語を習得しなければならない。それに対してケベック以外のカナダ人でフランス語が話せるのは例外的であるという。

オーストラリアでは，かつての白豪主義（移民は白人にかぎる）とは相違して，今日ではアジアから仕事を求めてくる移民が増えて，諸民族の言語が自然に公的に認められ（多言語が学校教育，マスコミで用いられている），そこには差別感は無いと報告されている。ここでは植民地主義や資本力という政治経済ぬきの多言語状態がある。

インドでは，ヒンディー語は公用語で英語は準公用語であるが，その他にも非常に多くの言語が用いられている。英語は現地言語以外で重要な位置を占めているが，必ずしも広範に使用されているとは言えず，その使用者は上流と中流階級の人々であると推測されており，精神的にはイギリスからの独立性が強いとみなされている。

スウェーデンとノルウェーでは，日常生活で用いられるスウェーデン語とノルウェー語以外に，学術，ビジネス等で外国の人々との交流の便宜上，英語が用いられ，インドの場合同様，精神的に英米への追従はみられず，強い独立性が保持されていると報告されている。

シンガポールでは英語・マレー語・タミール語・中国語（マンダリン）の四つが公用語として認められており，公的機関ではこれらすべての言語での意思疎通が原則として可能であるとみなされている。

このようにみると，母語あるいは民族の言語が強制力をもって脅かされていない場合には，多言語状況が平和に機能していると言えるようだ。

たとえばカナダでは，フランス語と英語が地域別になっていることによって，ケベック圏の人々はフランス語以外に仕事を得るために必要な英語を自主的に習得する事情が生じているにせよ，それは法的に強制されているわけではなく，彼らの母語のアイデンティティは脅かされてはいない。オーストラリア，スウェーデン，ノルウェーでも同様で，彼らの母語は無傷に保たれている。

しかし，アメリカで言語紛争が生じ暴力沙汰が生ずるようになったのは，英語のみを公用語として強要し，他の言語の使用が禁じられている場合である。このような現象が起こっている理由は，人々のアイデンティティの順位の第一位は母語としての民族の言語にあるのに，その母語が否定されているからだろう。

ユダヤ人のように，自分たちの言語を長年にわたって否定され続け，言語共同体のための特定地域をもつことも困難であった民族にあっては，自然言語よりはむしろその宗教がアイデンティティとなっているようである。また，ボスニア・ヘルツェゴヴィナのように，言語が同じでも民族宗教が奪われるのではないかという脅威のある場合にも，民族紛争は生じている。

したがって，言語であれ宗教であれ，単なる「差異」は問題を生まないが，自分たちの言語や宗教が強制的に奪われるのではないかという怖れがある場合には，自己防衛のために相手を攻撃するということが起こり，紛争が生ずるということになるのではないだろうか。

3.3. 媒介語としての英語

このように見てくると，英語だけを使用することを強制するということになれば，母語を否定されるという抑圧感が強くなるが，複数の言語の中から選ぶという仕組みであれば，その感じはいくらか和らげられることになるだろう。そしてさらに理想的なのは，どのような言語でも使える選択肢が「開かれている」ということだろう。

母語でない英語を用いるという事態が生じても，初めからそうであるように強制されているのと結果的にそうであるのとでは，自らの選択の自由の有無という点において，決して同じではない。カナダ，スウェーデン，ノルウェー等における英語について報告されているように，英語が自らの必要によって第二言語として選択されている場合には，その人のアイデンティティは母語にあり，英語からの精神的独立性は保たれている。

また，エスペラントのような人工語を媒介語とするということは，創始者ザメンホフが考えたとおり，政治経済的な国家の権力を背景としないという点では確かに理想的ではあるが，是非その言語を習得したいという文化的動機づけという点においては弱いものがある。人は知的な正義感によってのみ行動するというよりは，もっと複雑な原初的でもある欲動（正義も欲動に含まれるが，その一部である）によって行動するものであるらしい。

したがって，第一に母語を保障し，その上に立って共通言語として，すなわち，英米の英語というよりは「共通言語として機能できるかぎり，各々の母語の特性の許容されたかたちでの英語」

が媒介語の一つとして用意されるというのがよいということになるだろうか。

感情と注意と論理が人間の思考と行動を支配する根源的な記号の働きであることは，本書における言語と文化についての記号論的アプローチからも明らかであると思う。そして，そのような記号論的な視点からグローバル化と英語と異文化間コミュニケーションの関係について考えてみると，個々の人間にとって根源的な記号である「母語」（と場合によっては「民族宗教」）の重要性が，グローバル化に伴うそれらの喪失の脅威に直面して，クローズアップされてきたのであった。私たち人間は母語を中核にした記号的な存在であるために，母語（あるいはそれに相当する記号）は，私たちの存立を左右する意味をもっているということになるのではないだろうか。

あとがき

本書は，現代記号論を代表するソシュールとパースの記号論の観点から，「日本語と英語の言語と文化」の基本的な特質について多くの事例に沿って具体的に述べようとしたもので，日本語・英語・文化・記号論に関心をもつすべての人々を対象として書かれたものです。

一般的に言えば，ソシュールとパースの記号論はこれまでその相違点や優劣という側面が強調されてきた感がありますが，この論考を書きながらはっきりとわかってきたことは，「構造主義」と「解釈」という二つの記号論はどちらも相補いあって，言語文化についての理解を深めるために必須なものであるということでありました。

本書によって，日常生活の中で無意識のうちに用いられている言葉づかいやしぐさ，衣食住その他あらゆることに見出される人々の生活上の必要性からくる好みとしての言語と文化について，記号論から新たに理解が深められることを願っています。

論述のほとんどすべては本書のために書き下ろされたものですが，一部（本書 42–53, 83–84）については旧稿（2003: 110, 114–121）が改稿されたものであり，このたび，そのことを御快諾くださった勁草書房に対して，この場をかりて感謝申し上げます。

本書第 4 章のアメリカ移民と母語について，貴重なデータベースの検索結果をご教示くださったミシガン大学図書館司書の方々に深く御礼申し上げます。また，本書の原稿の一部を読んでコメントを聞かせてもらえた有馬輝臣にも感謝の意を表したいと思います。

末筆ながら，この度，このように貴重な場を与えて下さいました開拓社に対して，川田賢氏をはじめとする大変お世話になった関係の方々に対して，篤く御礼申し上げます。

2015 年 4 月　朧月夜に

著者識

参考文献

天野みどり (2002)『文の理解と意味の創造』笠間書院，東京.

天野みどり (2011)『日本語構文の意味と類推拡張』笠間書院，東京.

荒木一雄(編)(1999)『英語学用語辞典』三省堂，東京.

荒木一雄・安井稔(編)(1992)『現代英文法辞典』三省堂，東京.

Arima, M. (1985) "Schizophrenia as Semiotic Disintegration," *Kodikas / Code* 8:3/4, Gunter Narr Verlag, Tübingen.

有馬道子 (1986)『記号の呪縛—テクストの解釈と分裂病』勁草書房，東京.

Arima, M. (1989) "Japanese Culture versus Schizophrenic Interpretation," *Text* 9-3, Mouton de Gruyter, Berlin.

有馬道子 (1990)『心のかたち・文化のかたち』勁草書房，東京.

有馬道子 (1995)『ことばと生命』勁草書房，東京.

Arima, M. (1996) "Japanese Haiku vs. English Haiku vs. Concrete Poetry," *Poetica* 46, ed. by Y. Ikegami and S. Kawakami, Shubun International, Tokyo.

Arima, M. (1998) "The Unmarked Unbounded Ways of Speaking and High Context Japanese: Is Japanese a Mysterious Language?" *European Journal for Semiotic Studies* 10-3, Institute for Socio-Semiotic Studies, Wien.

有馬道子 (2000)「グローバル化と英語」『光華女子大学研究紀要』38, 1-13.

有馬道子 (2003)「記号論」『現代言語学の潮流』，山梨正明・有馬道子 (編著)，勁草書房，東京.

Arima, M. (2009) "How We Lose Memory in Aging: A View According to the Icon/Index/Symbol Trichotomy of Signs," *Proceedings of the 9th Congress of the IASS/AIS,* xxxiv/1:73-79, International Semiotics Institute, Imatra/Semiotic Society of Finland, Helsinki.

有馬道子 (2012a)「サピアの「本物の文化」—言語・文化・パーソナリ

ティの関係」『日本エドワード・サピア協会　研究年報』26，21-30.
有馬道子 (2012b)『もの忘れと記憶の記号論』岩波書店，東京.
有馬道子 (2001, 2014²)『[改訂版] パースの思想―記号論と認知言語学』岩波書店，東京.
朝日新聞社(編) (2014)「耕論」11 月 26 日付　日刊.
朝日新聞社(編) (2014)「春香クリスティーンさん」11 月 4 日付　日刊.
Bolinger, D. (1977) *Meaning and Form*, Longman, London.
Brent, J. (1993/1998) *Charles Sanders Peirce: A Life*, Indiana University Press, Bloomington and Indianapolis. [有馬道子(訳) (2004)『パースの生涯』新書館，東京.]
Carroll, J. B., ed. (1956) *Language, Thought, and Reality; Selected Writings of Benjamin Lee Whorf*, MIT Press, Cambridge, MA. [池上嘉彦(抄訳) (1978/1993)『言語・思考・現実』講談社，東京; 有馬道子(完訳) (1978)『言語・思考・実在』南雲堂，東京.]
Carroll, L. (1865) "Alice's Adventures in Wonderland" in *Annotated Alice*, ed. by M. Gardner (1970), Penguin Books, London.
Darnell, R. (1990) *Edward Sapir: Linguist, Anthropologist, Humanist*, University of California Press, Berkeley, Los Angeles and London.
Darnell, R. and J. T. Irvine, eds. (1999) *The Collected Works of Edward Sapir III*, 1-3 sections, Mouton de Gruyter, Berlin and New York.
Draaisma, D. (2004) *Why Life Speed Up as You Get Older: How Memory Shapes Our Past*, A. Pomerans and E. Pomerans (trs.), Cambridge University Press, Cambridge. [鈴木晶(訳) (2009)『なぜ年をとると時間の経つのが速くなるのか―記憶と時間の心理学』講談社，東京.]
Epstein, S. and B. Epstein (1992) *What's Behind the Word?*, annotated by K. Horiuchi and K. Miyakawa, Macmillan Languagehouse, Tokyo.
フォントーベル，真理子 (2006)「やわらかで ...」「朝日歌壇」『朝日新聞』.
Frentiu, R. (2013) "Beyond Linguistic Borders: Visual Poetry at the Confluence between the West and the Far East" (1st Annual Inter-

national Interdisciplinary Conference, AIIC 2013, 24 - 26 April, Azores, Portugal—*Proceedings.*

Gardner, M., ed. (1960/1970) *Annotated Alice*, Penguin Books, London.

Givón, T. (1995) *Functionalism and Grammar,* John Benjamins, Amsterdam.

Givón, T. and B. F. Malle, eds. (2002) *The Evolution of Language out of Pre-language*, John Benjamins, Amsterdam.

Hasegawa, K. (1978) *The Roots of Words*, Kinseido, Tokyo.

Hinds, J. (1987) "Writer vs. Reader Responsibility: Toward a New Typology," *Writing across Languages: Analysis of L 2 Text*, ed. by U. Connor and R. Kaplan, Addison Publishing, Reading, MA.

Hiraga, M. K. (2005) *Metaphor and Iconicity: A Cognitive Approach to Analysing Texts*, Palgrave Macmillan, New York.

本名信行 (1997)「アメリカの多言語問題」三浦信孝(編)(1997).

本名信行, A. Kirkpatrick and S. Gilbert (2001)『異文化コミュニケーションへの道』三修社, 東京.

本名信行 and A. Kirkpatrick (2004)『異文化をつなぐ英語』郁文堂, 東京.

Ikegami, Y. (1996) "Some Traditional Japanese Visual Tropes and Their Perceptual and Experiential Bases," *Poetica* 46, ed. by Y. Ikegami and S. Kawakami, Shubun International, Tokyo.

池上嘉彦 (2006)『英語の感覚・日本語の感覚』日本放送出版協会, 東京.

今井むつみ・針生悦子 (2014)『言葉をおぼえるしくみ—母語から外国語まで』筑摩書房, 東京.

Jakobson, R. (1971) "Aphasia as a Linguistic Topic," "Two Aspects of Language and Two Types of Aphasic Disturbances," "Toward a Linguistic Classification of Aphasic Impairments,"" Quest for the Essence of Language," and "Retrospect" in *Roman Jakobson: Selected Writings II*, Mouton, The Hague. [服部四郎(編), 早田輝洋・長嶋善郎・米重文樹(訳)(1978)『言語と言語科学』(ヤーコブソン選集 2) 大修館書店, 東京.]

Jakobson, Roman (1990) *On Language,* ed by L. R. Waugh and M.

Monville-Burston, Harvard University Press, Cambridge, MA.
角川書店(編) (2003, 2005) 『今はじめる人のための俳句歳時記』角川書店，東京.
川本茂雄 (1985)「記号 (最終講義)」『ポイエーシス—芸術記号論』，日本記号学会(編) (記号学研究 5).
Keller, R. (1994) *On Language Change: The Invisible Hand in Language*, Routledge, London.
Khan, M. (2009) *Indigenous Languages: The Way to Africa's Renaissance*, Sandeng Publishers, Brikama Kombo Central.
木村正史 (1994)『アメリカ地名語源辞典』東京堂出版，東京.
北原白秋 (1985)「海燕 (畑の祭り)」『白秋全集　3』岩波書店，東京.
Koerner, E. F. K. (1973) *Ferdinand de Saussure,* Friedrich Vieweg, Braunschweig. [山中桂一(訳) (1982)『ソシュールの言語論—その淵源と展開』大修館書店，東京.]
Koerner, E. F. K. (1984) *Edward Sapir: Appraisals of His Life and Work*, John Benjamins, Amsterdam/ Philadelphia.
窪薗晴夫 (1999)『日本語の音声』岩波書店，東京.
窪薗晴夫 (2013)「音韻論」『英語学の基礎』，三原健一・高見健一(編)，くろしお出版，東京.
Lee, P. (1996) *The Whorf Theory Complex: A Critical Reconstruction*, John Benjamins, Amsterdam.
Mandelbaum, D. G., ed. (1949) *Selected Writings of Edward Sapir in Language, Culture and Personality*, University of California Press, Berkeley, Los Angeles, and London. [平林幹郎(抄訳) (1983)『言語・文化・パーソナリティー—サピア言語文化論集』北星堂，東京.]
丸山圭三郎 (1981)『ソシュールの思想』岩波書店，東京.
丸山圭三郎 (加賀野井秀一・前田英樹 編) (2013–2014)『丸山圭三郎著作集』I-V，岩波書店，東京.
松村明(監修) (1995)『デジタル大辞泉』小学館，東京.
McCrum, R. (2010) *Globish: How English Became the World's Language*, W. W. Norton & Company, New York and London.
三浦信孝 (1997)『多言語社会とは何か』藤原書店，東京.
三輪伸春 (2014)『ソシュールとサピアの言語思想—現代言語学を理解す

るために』開拓社，東京.
三善晃（1985）「日本音楽を間の観点で見る」『私の日本文化論 3』，ダン・ケニー（編），講談社，東京.
Mladenov, I. (2006) *Conceptualizing Metaphors: On Charles Peirce's Marginalia,* Routledge, Oxford. [有馬道子(訳)(2012)『パースから読むメタファーと記憶』勁草書房，東京.]
Mucherah, W. (2008) *wmucherah@bsu.edu*Source: "Immigrants' Perceptions of Their Native Language: Challengers to Actual Use and Maintenance," *Journal of Language, Identity and Education* 7:3/4, 188-205.
長嶋善郎（2002）「サピア，トゥルベツコイ，ヤーコブソン──弁別特徴論とサピアの考え方」『日本エドワード・サピア協会　研究年報』16, 1-22.
夏目漱石（1929）『草枕』岩波書店，東京.
Nerrière, Jean-Paul (2012) *Globish: Business Communication for Non-Native Speakers,* WEB 記事. <http://www.dhbr.net/articles/-/1385?page=1-7>
日本大辞典刊行会（1979）『日本国語大辞典』（縮刷版），小学館，東京.
21 世紀研究会(編著)(2000)『地名の世界地図』文藝春秋，東京.
21 世紀研究会(編著)(2001)『人名の世界地図』文藝春秋，東京.
野村益寛（2014）『ファンダメンタル認知言語学』ひつじ書房，東京.
Nöth, Winfried (1990) *Handbook of Semiotics,* Indiana University Press, Bloomington and Indianapolis.
太田智加子（2003）「グローバル化と言語の多様性」『現代言語学の潮流』，山梨正明・有馬道子(編著)，勁草書房，東京.
大塚高信(編)（1970）『新英文法辞典』三省堂，東京.
Peirce, C. S. (1931-35) *Collected Papers* 1-6 vols., ed. by C. Hartshorne and P. Weiss, Harvard University Press, Cambridge, MA. [米盛裕二・内田種臣・遠藤弘(編訳)（1985-1986）『パース著作集』1-3，勁草書房，東京.]
Peirce, C. S. (1958) *Collected Papers* 7-8 vols, ed. by A. W. Burks, Harvard University Press, Cambridge, MA. [内田種臣・遠藤弘(編訳)（1986）『パース著作集』2-3，勁草書房，東京.]

Peirce, C. S. (1982-) *Writings of Charles S. Peirce: A Chronological Edition*, ed. by the Peirce Edition Project, Indiana university Press, Bloomington and Indianapolis.

Rumbaut, R. G., D. S. Massey and F. D. Bean (2006) "Linguistic Life Expectancies: Immigrant Language Retention in Southern California," *Population and Development Review* 32:3, 447-460. http://www.jstor.org/stable/pdf/20058899.pdf?acceptTC=true

斉木美知世・鷲尾龍一 (2012)『日本文法の系譜学—国語学史と言語学史の接点』開拓社，東京.

坂本百大・川野洋・磯谷孝・太田幸夫(編) (2002)『記号学大事典』柏書房，東京.

Sapir, E. (1925) "Sound Patterns in Language," *Language* 1, 37-51. [Also in D. G. Mandelbaum (ed.) (1949), 33-45.]

Sapir, E. (1927) "The Unconscious Patterning of Behavior in Society," in D. G. Mandelbaum (ed.) (1949), 544-559.

Sapir, E. (1994) *The Psychology of Culture*, reconstructed and edited by J. T. Irvine, Mouton de Gruyter, Berlin and New York.

Sapir, E. (1999) "The Cultural Approach to the Study of Personality," (the lecture given in 1930) in R. Darnell and J. T. Irvine (eds.) (1999), 207-227.

佐藤紘彰(編著) (1987)『英語俳句』サイマル出版，東京.

Saussure, F. de (1916) *Cours de Linguistique Générale*, Payot, Paris. [小林英夫(訳) (1928)『言語学原論』岡書院，(1940) 岩波書店，東京／(1972)『一般言語学講義』岩波書店，トゥリオ・デ・マウロ (著) 山内貴美夫(訳) (1976)『ソシュール「一般言語学講義」校注』而立書房，東京；松澤和宏〈校註・訳〉(2013-)『フェルディナン・ド・ソシュール「一般言語学」著作集』(全4巻)，岩波書店，東京.]

Schulz, C. M.，谷川俊太郎(訳) (1955) *Run! Linus*『走れ！ ライナス』ツル・コミック社，東京.

高見健一 (2013)「統語論—機能的構文論」『英語学の基礎』，三原健一・高見健一(編)，くろしお出版，東京.

高階秀爾 (1969)『名画を見る眼』岩波書店，東京.

田中克彦 (1975)『言語の思想』日本放送協会，東京.

田中克彦（1991）『言語からみた民族と国家』岩波書店，東京.
田中克彦（1999）『クレオール語と日本語』岩波書店，東京.
都甲潔（2004）『感性の起源―ヒトはなぜ苦いものが好きになったか』中央公論新社，東京.
Tomasello, M.（1999）*The Cultural Origin of Human Cognition,* Harvard University Press, Cambridge, MA.［大堀壽夫・中澤恒子・西村義樹・本多啓（訳）（2006）『心とことばの起源を探る―文化と認知』勁草書房，東京.］
Tomasello, M.（2003）*Constructing a Language: A Usage-Based Theory of Language Acquisition,* Harvard University Press, Cambridge, MA.［辻幸夫・野村益寛・出原健一・菅井三実・鍋島弘治郎・森吉直子（訳）（2008）『ことばをつくる』慶應義塾大学出版会，東京.］
外山滋比古（1973）『日本語の論理』中央公論社，東京.
外山滋比古（2003）『外山滋比古著作集』6（短詩型の文学），みすず書房，東京.
Trubetzkoy, N. S.（1939/1958）*Grundzüge der Phonologie,* Vandenhoeck & Ruprecht, Gottingen.［長嶋善郎（訳）（1980）『音韻論の原理』岩波書店，東京.］
辻幸夫（編）（2002）『認知言語学キーワード事典』研究社，東京.
山梨正明・有馬道子（編著）（2003）『現代言語学の潮流』勁草書房，東京.
米盛裕二（1981）『パースの記号学』勁草書房，東京.
米盛裕二（2007）『アブダクション―仮説と発見の論理』勁草書房，東京.

索　引

1. 事項，人名に分け，それぞれ五十音順に並べている。
2. 数字はページ数を示す。

事　項

［あ行］

［か行］

［さ行］

［た行］

［な行］

［は行］

［ま行］

［や行］

［ら行］

人　名

池上嘉彦（Ikegami）　115, 117, 158, 159

ウォーフ（B. L. Whorf）　vi, 40, 59, 158

ギボン（T. Givón）　34, 158, 159

キャロル（L. Carroll）　72, 95 158

窪薗晴夫（Kubozono）　32, 33, 160

ケラー（R. Keller）　145, 160

ケルナー（E. F. K. Koerner）　5, 55, 160

佐藤紘彰（Sato）　119, 161

サピア（E. Sapir）　9, 68, 69, 130, 157-158, 160-162

ソシュール（F. de Saussure）　vii, 3-5, 7-74, 76-77, 124, 147, 155, 160-162

高見健一（Takami）　33, 160, 162

田中克彦（Tanaka）　145-148, 162

トゥルベツコイ（N. S. Trubetzkoy）　3, 8-9, 161, 163

トマセロ（M. Tomassello）　103, 163

外山滋比古（Toyama）　115, 163

長嶋善郎（Nagashima）　9, 159, 161, 163

ネリエール（J. Nerriere）　131, 161

パイク（K. L. Pike）　9, 14

ハインズ（J. Hinds）　115, 159

パース（C. S. Peirce）　vii, 3-5, 63, 74-122, 124, 155, 158, 160-163

ヒポクラテス　2

平賀正子（Hiraga）　101, 102, 159

プラトン　3

ブレント（J. Brent）　5, 76, 158

本名信行（Hon'na）　136, 149, 159

丸山圭三郎（Maruyama）　8, 55, 71, 160

ヤーコブソン（R. Jakobson）　3, 8, 9, 62, 64, 85-86, 159, 161

米盛裕二（Yonemori）　107, 113, 161, 163

レヴィ=ストロース（C. Levi-Strauss）　3

有馬　道子　（ありま　みちこ）

1941年，大阪生まれ。大阪市立大学文学部，大阪市立大学大学院文学研究科修士課程修了。武庫川女子大学・短期大学，（神戸）親和女子大学，（京都）光華女子大学，京都女子大学を歴任，2014年退職。研究領域は英語学・一般言語学・記号論。現在（2015年），日本記号学会および日本エドワード・サピア協会　理事。

著書：『記号の呪縛—テクストの解釈と分裂病』（勁草書房，1986），『心のかたち・文化のかたち』（勁草書房，1990），『ことばと生命』（勁草書房，1995），『もの忘れと記憶の記号論』（岩波書店，2012），『改訂版 パースの思想—記号論と認知言語学』（岩波書店，2014）など。共編著：『現代言語学の潮流』（山梨正明と共編）（勁草書房，2003）など。訳書：B. L. ウォーフ『［完訳］言語・思考・実在—ベンジャミン・リー・ウォーフ論文選集』（南雲堂，1978），J. M. ペン『言語の相対性について』（大修館書店，1980），E. H. レネバーグ編『言語と人間科学』（南雲堂，1985），J. ブレント『パースの生涯』（新書館，2004），I. ムラデノフ『パースから読むメタファーと記憶』（勁草書房，2012），など。その他，論文多数。

日英語と文化の記号論

<開拓社　言語・文化選書 52>

2015年6月28日　第1版第1刷発行

著作者　有馬道子

発行者　武村哲司

印刷所　萩原印刷株式会社／日本フィニッシュ株式会社

発行所　株式会社　開拓社

〒113-0023 東京都文京区向丘 1-5-2
電話　(03) 5842-8900（代表）
振替　00160-8-39587
http://www.kaitakusha.co.jp

ISBN978-4-7589-2552-5　C1380